The Royal Botanic Gardens, Kew
WORDSEARCH

SIRIUS

Royal Botanic Gardens Kew

Great care has been taken to maintain the accuracy of the information contained in this work. However, neither the publisher nor its authors and editors can be held responsible for any consequences arising from use of the information contained herein. The views expressed in this work do not necessarily reflect those of the publisher or of the Board of Trustees of the Royal Botanic Gardens, Kew.

Note to solver: If you're new to wordsearch, all you need do is find the words hidden within the grids; where certain words are underlined, these are the only ones you need to find.

SIRIUS

This edition published in 2024 by Arcturus Publishing Limited
26/27 Bickels Yard, 151–153 Bermondsey Street,
London SE1 3HA

Text and design copyright © Arcturus Holdings Limited
Puzzles by Puzzle Press
The Royal Botanic Gardens, Kew logo copyright © The Board of Trustees of the
Royal Botanic Gardens, Kew

ISBN: 978-1-3988-3304-3
AD010225NT

Printed in China

Contents

Green, Green Grass

```
R S M Y S S A R G R A E P S P
I S T E L L I M H N T M S L S
F A S S A R G E M O R B S O S
I R A S Y R E E D S E C A V A
N G V B A R S V Y U V A R E R
G D H S L R A Y C V I T G G G
E R B S V U G S I I T G E R T
R A W A G W E H B A E R N A E
G E V R R F H G C D V A O S E
R B O G D L T E R T B S K S W
A R O E E R E V A A I S A M S
S I B Y K K G Y K T S W H A R
S K M R O M U H G R O S S I Y
S S A R G S E D O H R Y C Z O
F V B Y S S A R G T N E B E D
```

◊ BAMBOO	◊ FINGER-GRASS	◊ RICE
◊ BARLEY	◊ HAKONE GRASS	◊ RYEGRASS
◊ BEARD GRASS	◊ LOVEGRASS	◊ SORGHUM
◊ BENTGRASS	◊ MAIZE	◊ SPEAR GRASS
◊ BLUEGRASS	◊ MILLET	◊ SWEET GRASS
◊ BROME GRASS	◊ OAT	◊ SWITCHGRASS
◊ CAT GRASS	◊ REEDS	◊ VETIVER
◊ FESCUE	◊ RHODES GRASS	◊ WHEAT

Botanists

```
R C F W M R T V O L I V A V T
Y S U E A N N I L M N M C R N
O D N I L E N D U W H E F H A
R E V R A C I W L A A N K R G
E G V O N M O H L E S D C A R
A I T O N A M B U N G E I V A
G V S U T H E A G T C L W E S
E C B K F T V K L I K N D N K
E P I R W N A F C N C B R B P
C N N C E E A M A R T R A B B
S G N B U B H B S M I T H P U
P B R O W N R C H U Y N B L F
Y L P N G U E A R E K O O H E
S A A N B P O Y M A L L E B R
E Y R N O L B Y A P G L E W V
```

◊ AITON

◊ AMMAL

◊ ARBER

◊ ATKINS

◊ BARTRAM

◊ BELLAMY

◊ BENTHAM

◊ BOERHAAVE

◊ BROWN

◊ BUNGE

◊ BURBANK

◊ CARVER

◊ ESAU

◊ HARDWICK

◊ HOOKER

◊ LINNAEUS

◊ MENDEL

◊ RAVEN

◊ RAY

◊ SAHNI

◊ SARGANT

◊ SMITH

◊ VAVILOV

◊ VON MOHL

Moss Genera – Part One

```
M U N G A H P S O T O R P T E
A M S U P O L Y P M A C L A T
W I L A T P Y L A C N E S K I
A I R E A I K G I M I I M A M
M I I A L K R A U D S M T K M
U O M U N I B I E P O E M I I
I U A U M U D M O A T I B A A
D Y A M A I F I G R H R I I E
I B I I U B M B A D E P Z M M
T A M H H O X P R U C F Y A A
S R T I R C H U T Y I M G R Y
I I E A S I U E B L U R O T C
H H I I S C L R U W M M D R O
C C C N P I Y K B M L T O A D
S A U L A C O M N I U M N B S
```

◊ ANISOTHECIUM	◊ CAMPYLOPUS	◊ SCHISTIDIUM
◊ AULACOMNIUM	◊ CRYPHAEA	◊ SCIAROMIOPSIS
◊ BARTRAMIA	◊ ENCALYPTA	◊ TAKAKIA
◊ BREUTELIA	◊ FUNARIA	◊ TETRAPHIS
◊ BRUCHIA	◊ GRIMMIA	◊ THUIDIUM
◊ BRYUM	◊ KIAERIA	◊ TIMMIA
◊ BUXBAUMIA	◊ PROTOSPHAGNUM	◊ ZYGODON

Primulaceae Genera (Primrose Family)

```
Y D A I N O L O S D S A R C A
W A L L E N I A I S I B A L I
A I Z E M O E N M C R W P M G
N S A R M V A Y A S O C A A N
V A Y M F B R N I I C T N E I
O R H L U S E S A L R A E S T
T E T O I P E L P G J E A A T
S C E N T H R T I I A Y H G I
C I E A T T C A V A R L A O F
H G R A C T O A C E B D L Y L
I E R V C T L N L O N S U I T
A A A I H C A M I S Y L D A S
P R I M U L A W G A H R A U M
X Y L A C O C S I D M W B M O
E C A S O R D N A I R I D A S
```

◊ AEGICERAS   ◊ EMBELIA   ◊ NEOMEZIA

◊ ANAGALLIS   ◊ FITTINGIA   ◊ PARATHESIS

◊ ANDROSACE   ◊ HOTTONIA   ◊ PRIMULA

◊ BADULA   ◊ LABISIA   ◊ RAPANEA

◊ BRYOCARPUM   ◊ LOHERIA   ◊ SADIRIA

◊ CLAVIJA   ◊ LYSIMACHIA   ◊ SOLONIA

◊ CORIS   ◊ MAESA   ◊ VOTSCHIA

◊ DISCOCALYX   ◊ MYRSINE   ◊ WALLENIA

A Rose by Any Other Name... Excerpt from William Shakespeare's *Romeo and Juliet*

```
O T P Y R M E K A T E L E A C
T E N Y Y Y R T U N U S E W O
O A M M P S P T A P G E E H W
O T E O E E M E O H A H L I I
F N H O R L A E F M T P T C B
E T G I F F N W L L N H I H E
T H Y S E L F S T L O A T L L
M R A R C R S B D U M N C D O
E D K E T U E I T V A D K S N
C T P H I C D R B M C E T E G
A C H T O W L D E D C A I E I
F R R O N N U H O W H R U H N
P A O G U D O F F W V P S T G
P I H S U G W N I A T E R I C
H G K F E N H M D L L A C L T
```

'Tis but thy <u>name</u> that is my <u>enemy</u>;
Thou art <u>thyself</u>, <u>though</u> not a <u>Montague</u>.
<u>What's</u> Montague? It is nor <u>hand</u>, nor <u>foot</u>,
Nor <u>arm</u>, nor <u>face</u>, nor any other <u>part</u>
<u>Belonging</u> to a man. O, be some <u>other</u> name!
What's in a name? That <u>which</u> we call a <u>rose</u>
By <u>any</u> other name <u>would</u> <u>smell</u> as <u>sweet</u>;
So <u>Romeo</u> would, <u>were</u> he not Romeo <u>call'd</u>,
<u>Retain</u> that <u>dear</u> <u>perfection</u> which he <u>owes</u>
<u>Without</u> that <u>title</u>. Romeo, <u>doff</u> thy name,
And for <u>that</u> name which is no part of <u>thee</u>
<u>Take</u> all <u>myself</u>.

Acmena floribunda

Deciduous Plants and Trees

```
H T N A R U S T A K U R K E Q
C K A H H R E D B U D A G U H
R R C A N R E H T R O N A V A
I A E C D K R M W R G E S N I
B B P G O E F L U E W S Y A N
U G M C G R A B C D O L L E I
C A U A I D N N L C O Q O P G
K H G H Y F I E R Y D U M O R
E S T F I U I J L I S A B R I
Y R E C Q B A C A I H K A U V
E R E S O S I B A V A I R E G
N A W I M M O S S P R N D O K
G O S I R L M R C L O G Y N P
H I N Y O K S O V U N S B D D
M E R A G U S A N O S K D G U
```

◊ AMERICAN SWEETGUM

◊ BUR OAK

◊ COMMON LILAC

◊ CORNELIAN CHERRY

◊ DIABOLO NINEBARK

◊ EASTERN REDBUD

◊ EUROPEAN HORNBEAM

◊ FLOWERING QUINCE

◊ HARDY HIBISCUS

◊ JAPANESE DOGWOOD

◊ KATSURA

◊ LADY FERN

◊ LOMBARDY POPLAR

◊ NORTHERN CATALPA

◊ OHIO BUCKEYE

◊ PACIFIC POISON OAK

◊ PECAN TREE

◊ QUAKING ASPEN

◊ RIVER BIRCH

◊ ROSE OF SHARON

◊ SHAGBARK HICKORY

◊ SUGAR MAPLE

◊ VIRGINIA CREEPER

◊ WINTER JASMINE

```
H M S H Y H H K Y N C L Y A B
K F U V A L E R I A N I E P S
S C O F E N A B N E H Q G W O
E G I L E L W L G E F U A K W
I C B L C L E S R N M O R A T
R U A L R N G B Y A R R O W H
R D C M R A R U D S E I B Y I
E W S A C O G D B R Y C N B S
B E D H B Y E W U G A E I V T
L E K E L R D E C U T T E L L
I D R K P I N S R A P R S E E
B T E V I R P L G B V N T U S
S W O L L A M C U A W K Y P M
P W M G L E N G I P S M O B V
L A D Y S M A N T L E H W K L
```

◊ BILBERRIES

◊ BORAGE

◊ BUGLE

◊ CLARY

◊ CUDWEED

◊ DARNEL

◊ GARLICK

◊ HENBANE

◊ HERB ROBERT

◊ HOPS

◊ LADY'S MANTLE

◊ LETTUCE

◊ LIQUORICE

◊ MADDER

◊ MALLOWS

◊ MUSTARD

◊ PARSNIP

◊ PRIVET

◊ SCABIOUS

◊ SOW THISTLE

◊ SPIGNEL

◊ VALERIAN

◊ VERVAIN

◊ YARROW

```
D S T F U T Y D N A C E E S G
Z D P Y T S I M A N I E V O L
R R O R B N R B M E H H O E N
U A C N K O M U A U Y S P I T
S P H E S I O Y D E E A P S Z
N O I H T L U H D F U P D C G
O E C G V N S N O O L L A B E
I L K N G V E O G E N D S G L
H R S I E Y T I W K C G A N C
S E K K G Z B O D O G S L L U
U T N D I A R A I E U H A D E
C T U O N T M P C A B W D V T
N U K O G O A T S K S O I O S
I B S G E S N E E Z E W E E D
P Y I F R A E S B M A L S S P
```

◊ BALLOON FLOWER

◊ CANDYTUFT

◊ DANCING GIRL GINGER

◊ GOAT'S BEARD

◊ GOOD-KING-HENRY

◊ GOOSEFOOT

◊ HENS AND CHICKS

◊ LAMB'S-EAR

◊ LEOPARD'S BANE

◊ LION'S EAR

◊ LOBSTER-CLAWS

◊ LORDS-AND-LADIES

◊ LOVE-IN-A-MIST

◊ MAD DOG SKULLCAP

◊ MOUSE TAIL

◊ NIPPLEWORT

◊ OBEDIENT PLANT

◊ PIGGYBACK PLANT

◊ PINCUSHIONS

◊ SAUSAGE TREE

◊ SCRAMBLED EGGS

◊ SKUNK CABBAGE

◊ SNEEZEWEED

◊ WITCHES' BUTTER

Extinct Prehistoric Specimens

```
U E L S R E U P W T I L I A P
C B S M U C I A N E K Y M H H
O A T I F P E S N E H A T A L
R I O L C E S N E D A R O T T
Y R N E I D A O M T N P I K A
L A E Y Y R O O S E A E D I L
O L B I M K U A P Y O U N E I
I L E S I W G M S E S O E E S
D I R N O A M T V U S I N K Z
E G G B R G E O H S M A N M A
S I I I N L L R L I R D V B M
I S A L L L O I T C L G U V I
C W S A X O N I P O L L I S T
S T T C A L A M I T E S S U E
P A L E O P A N A X M T W I S
```

◊ ACER HILLSI

◊ ACER KENAICUM

◊ ACER LATAHENSE

◊ ACER SMILEYI

◊ ACER TORADENSE

◊ ANNULARIA STELLATA

◊ BANKSIA KINGII

◊ CALAMITES

◊ CORYLOIDES

◊ GINKGO CRANEI

◊ NILSSONIA

◊ OSMUNDA WEHRII

◊ PALEOPANAX

◊ RHUS MALLORYI

◊ RHUS ROOSEAE

◊ SAGARIA

◊ SAXONIPOLLIS

◊ SIGILLARIA

◊ STONEBERGIA

◊ TILIA JOHNSONI

◊ ZAMITES

```
W Y G G S R E P I N U J W O I
L D E A W P A I L L E M A C A
E C U R P S Y R R E B K N I R
H L I V E O A K Y F V P S F K
P W E Y K T P A A H D K C I B
K A K S L E N U B A L D H C D
A D U U Y W I O N F A K D A T
D K A T R Y X O M E M D U P H
R E F P U R Z M L V A M M G U
S E H Y H I J A C K S Y B G J
T D S L R N Z D R E L L R N A
O U A A R A E R K T A L E I G
C H C C R P K O N I B O L K M
S H A U Y F R N B H L H L F Y
O C N E O C R E D W W D A O I
```

◊ ARIZONA CYPRESS   ◊ EUCALYPTUS   ◊ MADRONE

◊ AZALEA   ◊ FRASER FIR   ◊ MONTEREY PINE

◊ BALSAM FIR   ◊ HOLLY   ◊ PACIFIC YEW

◊ BLUE SPRUCE   ◊ INKBERRY   ◊ SCOTS PINE

◊ BOX   ◊ JACK PINE   ◊ THUJA

◊ CAMELLIA   ◊ JUNIPER   ◊ UMBRELLA BAMBOO

◊ COMMON YEW   ◊ KING PALM   ◊ WHITE FIR

◊ CYCAD   ◊ LIVE OAK   ◊ WINTER DAPHNE

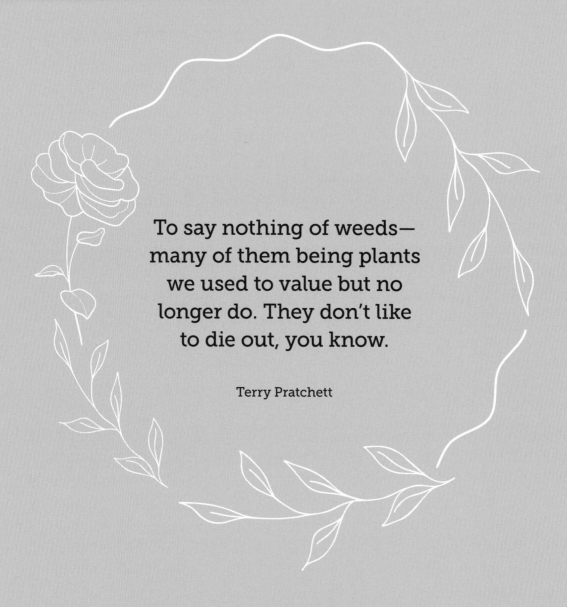

To say nothing of weeds—
many of them being plants
we used to value but no
longer do. They don't like
to die out, you know.

Terry Pratchett

Botanical Artists

```
L J I R A P S A C S C K I N G
N A E R P E L L O E O K L N P
U I Y P C T N E N S N E S E U
N F C R P U V Y K R A Y S G R
A K A B P E O L A C B H M F V
W N L D U M S L Y U E L I B E
A B M Y E R H W B G R A T H S
K L R L S C Y R N T E O H E I
I U N M R B D A I C O N D Y T
A N I K U L I N S K Y R R K R
C I Z O B J G K A W H F N A O
R I E K G K Y R H O D V H T O
L Y G N U D B T D E D M G R N
O E E O W G H E R O L T M A E
M M V N F W S N A W O R S V C
```

◊ AIKAWA

◊ BOZIC

◊ BURY

◊ CASPARI

◊ CONABERE

◊ CONDY

◊ HAECKEL

◊ HEROLT

◊ JEPPE

◊ KEIR

◊ KING

◊ LACY

◊ LE MOYNE

◊ MAE

◊ MENGJIANG

◊ NIKULINSKY

◊ PELLOE

◊ PURVES

◊ RAO

◊ RHODES

◊ ROWAN

◊ SMITH

◊ TINGKUO

◊ VARTAK

Splendid Sunflowers

```
R W C S F R I A D D E Y H Y V
F S H D N A L D O O W V H U B
F S W A M P C I N R E T S E W
I E A L I K D R I T N A I H C
T L R W I R K O A N O Z I R A
S Y B N T T Y L H T O O M S S
P A N C D O T F H T F N I L E
I R F S O C O L F A D E L E R
G G A B G M P T E P Y G A N P
V N D I N O M L H B Y L K D E
Y E A E R U N O T U E E L E N
C N D T S I L R N E L C A R T
T A E C H E E R F U L T K K I
K R G T P A R A D O X E B A N
S M S P R D W T C Y U D Y H E
```

◊ ALKALI	◊ HAIRY	◊ SERPENTINE
◊ ARIZONA	◊ LITTLE BECKA	◊ SLENDER
◊ CHEERFUL	◊ NEGLECTED	◊ SMOOTH
◊ CHIANTI	◊ PARADOX	◊ STIFF
◊ COMMON	◊ PORTER'S	◊ SWAMP
◊ DESERT	◊ PRAIRIE	◊ THINLEAF
◊ FLORIDA	◊ RAYLESS	◊ WESTERN
◊ GIANT	◊ SAWTOOTH	◊ WOODLAND

Song Titles Featuring Plants and Flowers

```
P S L M D A K T H H I S D C E
D V R O C L E N C V E S A Y I
A R I P T B O R U I T I F R E
G Y G O U U I G S V V B F E D
N P S L L B S I I N M V O W E
I K C I G E A C O R Y E D O L
K V I A A D T R E C A L I L W
E V P U W D A R C N S M L F E
Y K F Y Y H F H E G G U S N I
F L I L S W E F Y D P L Y U S
O L Y L O R I P K O N R I S S
B L U E R W B L M D O E F S U
G S E Y L U E A L S U E V K H
R E P A P C B R E O D U L A N
B P L M I F I S S P W K G T L
```

◊ BED OF <u>ROSES</u>

◊ BIRCH <u>TREE</u>

◊ <u>BLUE</u> ORCHID

◊ <u>CHERRY</u> BLOSSOM

◊ CINNAMON <u>GIRL</u>

◊ <u>DAFFODILS</u>

◊ <u>DAISY</u> LANE

◊ <u>EDELWEISS</u>

◊ <u>ENGLISH</u> ROSE

◊ <u>FLOWERS</u>

◊ <u>IVY</u>

◊ <u>KING</u> OF TREES

◊ <u>LAVENDER</u> HAZE

◊ <u>LIKE</u> A ROSE

◊ <u>LILAC</u> WINE

◊ LITTLE <u>WILLOW</u>

◊ <u>LOTUS</u>

◊ <u>MARIGOLD</u>

◊ ORCHID <u>CLUB</u>

◊ <u>PAPER</u> ROSES

◊ PSYCHO <u>DAISIES</u>

◊ ROSE OF <u>SHARON</u>

◊ <u>SUNFLOWER</u>

◊ <u>VIOLET</u> HILL

Economically Important Plants

```
N T E M U G E L B W A M C O S
E E O K G G R P O I O N Y E O
G S T D R C E L I L E C N D U
A O G U C P L E A E T S A A S
E R P H P A R U F S I S G H H
A S M E M P R F C H S C O S D
L L R U C E O P S A R Y H T K
L M D F L C I T R U S R A H B
I M I I G B A G C N H E M G L
D Y L F H Y E I E C B L N I G
O R K A S C F R P L Y E S N T
P A U E P E R I R P T C E N L
A G D O R S N O P Y K R I T P
S G U M G E L O H H P M Y G K
E N C S O A P B E R R Y E M I
```

◇ CELERY   ◇ MAHOGANY   ◇ PEPPER

◇ CITRUS   ◇ MALLOW   ◇ PINE

◇ COFFEE   ◇ MINT   ◇ POPPY

◇ CRUCIFER   ◇ MULBERRY   ◇ ROSE

◇ GOURD   ◇ MYRTLE   ◇ SAPODILLA

◇ GRASS   ◇ NIGHTSHADE   ◇ SEDGE

◇ LAUREL   ◇ ORCHID   ◇ SOAPBERRY

◇ LEGUME   ◇ PALM   ◇ SPURGE

Botanical Terms – Part One

```
M D P C A D A G J V E E L E E
S E D T E L T U N R A C V T W
G B R E G R G L O B E M G S I
I I E S A U A H R B K V M Y T
A R P U M R P A E V N H Y E X
K D S R E O Y B M V R D O Y L
L I U D N E F I Y S H V L S E
E M U Y S X N T C W U E T M R
G R G N U T L K L N M M E T S
U Y O W D R A A L L B C I M E
M D A R E O L E I I A W G N C
E B N W B R U C I R S F O I F
F M D V R S O M F A E C R I O
E N T I R E T O C I D A M D R
L A T S I D A L R O H W W S B
```

◊ AERIAL   ◊ EXTRORSE   ◊ MIDRIB

◊ AREOLE   ◊ FORB   ◊ NODE

◊ CONE   ◊ GYNOPHORE   ◊ NUTLET

◊ CYME   ◊ HABIT   ◊ RACEME

◊ DICOT   ◊ JUGUM   ◊ RUDERAL

◊ DISTAL   ◊ LEGUME   ◊ STEM

◊ DRUSE   ◊ LEMMA   ◊ WHORL

◊ ENTIRE   ◊ LOBE   ◊ XYLEM

Plagianthus lyallii

Historic Trees

```
K N B E M U G D L O I N P U W
S A U I T P R O M E T H E U S
E M R S N A M P A H C N D O N
N A M E Y L L A G N I T R O F
A E I N S E P A R A T I O N B
T B S H E K I T M H I R B S E
O V I O K Y E L O G E L N L L
R C R W M S E R N K A I O H L
W C K E I T S A O C L N E I I
K I I R A U H O K R E R N R V
N R N E E C H H E P B C G O M
A W R D O K A M I I O D G E L
R G K B S W N N E L F N E B A
F C I P K O E A N D I T L S B
K M P B U Y R F P M T D U L G
```

◊ ANNE FRANK TREE

◊ BALMVILLE TREE

◊ BEAMAN OAK

◊ BLACK HAWK TREE

◊ BURMIS TREE

◊ CHANGI TREE

◊ CHAPMAN'S BAOBAB

◊ EISENHOWER TREE

◊ FORTINGALL YEW

◊ GREAT ELM

◊ HERBIE

◊ HOOKER OAK

◊ LONE PINE

◊ LINCOLN OAK

◊ MERLIN'S OAK

◊ MINGO OAK

◊ OLD GUM TREE

◊ PANKE BAOBAB

◊ PROMETHEUS

◊ THE BODHI TREE

◊ THE SENATOR

◊ THE WINDSOR OAK

◊ THOR'S OAK

◊ SEPARATION TREE

National Trees (Common Names)

```
A O G N A M H R A S L Y S P B
B O B V R C A Y N A G O H A M
A B V M R D S T P O T L N B I
B I V I O H A A A M F Y K N P
O E B U G C P Y I A M A R A
A C D W B H R P V N A P M H A
B E M P O Y E W U H I A E I V
B L A A A D T O G R N R K G
R I P V W L I E N T N A B H K
G S L R H P M A A E C M A E V
O S E L I N R E D U N A U I E
L E P N F F V N A A U A T S A
D S E A T I I R I Y G A R H F
E A W E L L A D V R E S U R I
N V N O E T S A C A N A U G A
```

◊ ARAUCARIA

◊ BANYAN

◊ BAOBAB

◊ BLUE MAHOE

◊ CEIBO

◊ DEODAR

◊ FRANGIPANI

◊ GOLDEN OAK

◊ GUANACASTE

◊ LAPACHO

◊ LIGNUM VITAE

◊ LINDEN

◊ MAHOGANY

◊ MANGO TREE

◊ MAPLE

◊ MERBAU

◊ NARRA

◊ OLIVE

◊ PANAMA TREE

◊ PINE

◊ ROYAL PALM

◊ SACRED FIG

◊ SESSILE OAK

◊ SILVER BIRCH

***Wayside Flowers* by William Allingham**

```
N O D D I N G N I W E N E R D
W Y E S E V A E L I V D C Y W
K P P L T E S O R M I R P K E
C S O O R P G U C S O F K S L
U E H P A E E A Y C L F N S L
L L D E E R R A S O E A O L S
P U N Y H C W E W S T E N L T
M F A F E E S E D U E W D E O
F R S D A I R E R N A M S B P
L E U O C V H E I R U Y O E S
T E O W R E S A D T A P N U P
O H H E H S E R F M U P I L A
U C T R G N I S S E R A C B R
C T R A V E L L E R S H E A E
H H R E W O P A S S E R S B Y
```

Pluck not the wayside flower,

It is the traveller's dower;

A thousand passers-by

Its beauties may espy,

May win a touch of blessing

From Nature's mild caressing.

The sad of heart perceives

A violet under leaves

Like sonic fresh-budding hope;

The primrose on the slope

A spot of sunshine dwells,

And cheerful message tells

Of kind renewing power;

The nodding bluebell's dye

Is drawn from happy sky.

Then spare the wayside flower!

It is the traveller's dower.

Houseplants (Common Names)

```
M D C K W R M G V A W A C P T
T B B R U A N C C U G R A P E
T U U B R I A C A A K B G V L
A N B R P E U L H L A Y A P O
R E A E R Y K G S K A R R E I
R V E L S O H U I D P T E A V
O W A N P N S I L K I C H C A
W W A R T Z E A G V W K R E A
H K E O L A Z N N P O S E S A
E T D Y H C L A E L K D D O N
A L P O N Y T A I L V A I H W
D J H T O E H U W B D T P T O
C A S T I R O N E A A D S O R
B D O D W P P A I S X E I P C
R E P Y R K D Y Y I L P R F U
```

◊ AFRICAN <u>VIOLET</u> ◊ <u>CROWN</u> OF THORNS ◊ <u>POTHOS</u>

◊ <u>ALOE</u> ◊ <u>ENGLISH</u> IVY ◊ <u>RUBBER</u> FIG

◊ <u>ARECA</u> PALM ◊ <u>FIDDLE</u> LEAF FIG ◊ <u>SNAKE</u> PLANT

◊ <u>ARROWHEAD</u> VINE ◊ <u>GRAPE</u> IVY ◊ <u>SPIDER</u> PLANT

◊ <u>BURRO'S</u> TAIL ◊ <u>GUIANA</u> CHESTNUT ◊ <u>WAX</u> PLANT

◊ <u>CALATHEA</u> ◊ <u>JADE</u> PLANT ◊ <u>WEEPING</u> FIG

◊ <u>CAST IRON</u> PLANT ◊ <u>PEACE</u> LILY ◊ <u>YUCCA</u>

◊ CORAL <u>BEAD</u> ◊ <u>PONYTAIL</u> PALM ◊ <u>ZZ PLANT</u>

```
I A D E S G A A H B Y D D L O
L S B L N O Y A W O L L A G B
L W Y A E T E M D K C A L B B
A K E S P I Y E C L A S B U U
F D F H D Y F B N A S G D H P
K V R E A T T F O R E W E B
C M I R L H L A A I P U L U A
A H S W B R W A Z H N F N V N
H D T O Y D Y E M C Y G R N A
I N O O L A D D I E E V L B G
P S N D D A A R Y P R A R E H
D K D F L R F D P W G E L K E
D T O E B F V I C I G N C U R
O G U M A S N D A E E E R Y W
M S U F I G K T N W O D H S A
```

◊ ASHDOWN FOREST

◊ BANAGHER GLEN

◊ BLACK FOREST

◊ DALBY FOREST

◊ DELAMERE FOREST

◊ EPPING FOREST

◊ FINGLE WOODS

◊ FOREST OF DEAN

◊ FRISTON FOREST

◊ GALLOWAY FOREST PARK

◊ GLEN AFFRIC

◊ GRIZEDALE

◊ GWYDYR FOREST

◊ HACKFALL WOOD

◊ HAAGSE BOS

◊ HATFIELD FOREST

◊ KOMI PRIMEVAL FOREST

◊ NEW FOREST

◊ SALCEY FOREST

◊ SELVA DE IRATI

◊ SHERWOOD FOREST

◊ UMBRA FOREST

◊ WILD TAIGA

◊ WYRE FOREST

Campanula strigosa

Floral Films

```
P A I L O N G A M S E I L I L
H T I U A F A E L C G N O S O
I U R D C D O O M P A A N V B
L L A I S B I L D L L C K I D
T I U H F D L E H G O M T D A
D P M C F F J A S M I N E U I
R N V R I O I N C V F B O N S
I R I O E O L D F K R S Y L Y
V E S W L L A E S O K F G F C
I F E D D I V R K R A L M G C
N A E F R V E E W I L L O W S
G H R B I E N H G U O R H T E
I A T Y M L D R V M I T Y W E
C G N O A S E P L E A S E A L
L T B N S Y R A M E S O R F D
```

◊ A NEW LEAF

◊ BLUE JASMINE

◊ BROKEN FLOWERS

◊ CACTUS FLOWER

◊ DRIVING MISS DAISY

◊ FERN GULLY

◊ LADIES IN LAVENDER

◊ LILIES OF THE FIELD

◊ MAGNOLIA

◊ PLEASE DON'T EAT THE DAISIES

◊ ROSEMARY'S BABY

◊ THE BLACK DAHLIA

◊ THE BLACK ORCHID

◊ THE DAY OF THE TRIFFIDS

◊ THE LAVENDER HILL MOB

◊ THE SEA OF TREES

◊ THE TREE OF LIFE

◊ THE WIND IN THE WILLOWS

◊ THROUGH THE OLIVE TREES

◊ TULIP FEVER

◊ WHITE OLEANDER

Crazy Cacti

```
E N O O M E S R O H T P I F C
V C A R R U M Y Y D V P I R E
I D N T M O E N N U B S E V R
H P O I J U C M P N H B E B E
E D L M V O S K Y B U S C S U
E K E B L R M R O T P B K E S
B G M D L O A N I I R L W E P
S L M U G B E A N N I R L A P
A A P F R O K U O A C H E R A
N H R A M H P L T A K W R O R
P P B H B E D X H V L B R I O
E P B G Y L O P R U Y W A T D
D K D O A F E A T H E R B A I
R K T D C H R I S T M A S H A
O E Y S H O A G N I P M U J N
```

◊ AFRICAN MILK TREE

◊ BARBARY FIG

◊ BARREL CACTUS

◊ BEEHIVE CACTUS

◊ BUNNY EARS

◊ CEREUS

◊ CHRISTMAS CACTUS

◊ EVE'S PIN

◊ FEATHER CACTUS

◊ FISHBONE CACTUS

◊ FOX-TAIL CACTUS

◊ HATIORA

◊ HORSE CRIPPLER

◊ JUMPING CHOLLA

◊ LIVING ROCK

◊ MELON CACTUS

◊ MOON CACTUS

◊ OLD LADY CACTUS

◊ OLD MAN CACTUS

◊ PARODIA

◊ PEYOTE

◊ PRICKLY PEAR

◊ REBUTIA

◊ SAN PEDRO CACTUS

Literary Characters

```
Y  T  T  I  B  Y  E  R  F  M  O  P  S  M  A
M  N  F  N  A  G  O  A  R  L  O  H  E  A  M
P  M  K  F  S  C  N  P  I  T  O  Y  U  L  H
B  E  K  L  I  Y  R  I  N  L  Y  R  A  H  A
V  V  T  E  L  I  L  A  N  Y  H  V  A  E  W
I  S  M  U  M  G  W  L  M  A  E  A  V  A  T
I  S  O  R  N  O  E  I  O  N  O  D  D  T  H
A  E  O  I  R  I  L  A  D  H  E  M  M  H  O
C  S  L  N  D  L  A  E  C  H  W  P  P  E  R
E  W  B  A  E  N  R  G  Y  M  W  A  G  R  N
M  A  I  R  U  R  N  N  P  S  N  E  W  O  E
T  H  O  L  N  R  O  A  T  S  F  W  M  E  R
R  A  L  B  S  I  E  T  Y  I  M  G  S  V  O
K  A  N  M  R  O  Y  L  N  G  H  G  V  I  S
O  N  V  B  A  G  N  N  A  R  C  I  S  S  A
```

◊ AUNT DAHLIA

◊ MOLLY BLOOM

◊ ROSA BUD

◊ FLEUR DELACOUR

◊ PETUNIA DURSELY

◊ PRIMROSE EVERDEEN

◊ FLORA FINCHING

◊ HUCKLEBERRY FINN

◊ HOLLY GOLIGHTLY

◊ BASIL HALLWARD

◊ HEATHER HART

◊ GALE HAWTHORNE

◊ LAVENDER LEWIS

◊ NARCISSA MALFOY

◊ ROWAN MAYFAIR

◊ DAISY MILLER

◊ MOANING MYRTLE

◊ GABRIEL OAK

◊ LILY OWENS

◊ PANSY PARKINSON

◊ POPPY POMFREY

◊ LAUREL STEVENSON

◊ BRIONY TALLIS

◊ MYRTLE WILSON

```
L T A S T R A E H G L M T F P
I O R R C M K D U V A L I A S
A D B I L A C E L E P H A N T
R O E Y A N E B O A J K E K O
E V Z D E F U B A O P L Y E N
V K N V Y R R Y V P D V D E E
Y A A U R E S I K D O U W L S
P G S O G D B T A M D F M E R
A P S O C A M P O L Y H A S W
B D N G R V G U E N H H N U K
E I T B A K K Y U S E O E O K
A A A S K G A J A D E C O H F
R B A E O N I U M U E I R K W
S V E S U H T N A N A N A O E
K L A H C O G E I V R R Y V P
```

◊ AGAVE

◊ ALOE VERA

◊ AROENA

◊ BEAR'S PAW

◊ BURRO'S TAIL

◊ CHALK LETTUCE

◊ COAST DUDLEYA

◊ DUVALIA

◊ ELEPHANT BUSH

◊ GHOST PLANT

◊ HOUSELEEK

◊ JADE PLANT

◊ JOVIBARBA

◊ LACE ALOE

◊ LIVING STONES

◊ MANFREDA

◊ NANANTHUS

◊ OBREGONIA

◊ PADDLE PLANT

◊ PANDA PLANT

◊ STONECROP

◊ STRING OF HEARTS

◊ TREE AEONIUM

◊ ZEBRA PLANT

National Forests of the USA

```
W L I U R O D A R O D L E E I
S O A I E N I T A L L A G N O
P S N O V O P A Y E T T E Y T
B P E S I O B T I F O S N D G
H A T B R R N U B N U I E D V
C D O R E L R V T P S A C C P
A R O Y T C S O E P D T R P C
G E K I I E S R D I X I E F O
U S N B H U I S N D T H P L C
H P O L W O K R A L N C Z A O
C L S G R A E L R G F A E T N
A W A L S U I S G N N U N H I
L G P Y B G S H O S H O N E N
P C A T A R R E I S O G T A O
N A U J N A S A R U H T N D Y
```

◊ BOISE   ◊ GILA   ◊ SAN JUAN

◊ CHUGACH   ◊ INYO   ◊ SHOSHONE

◊ CIBOLA   ◊ KOOTENAI   ◊ SIERRA

◊ COCONINO   ◊ LOS PADRES   ◊ SIUSLAW

◊ DIXIE   ◊ NEZ PERCE   ◊ SUPERIOR

◊ ELDORADO   ◊ OUACHITA   ◊ TONGASS

◊ FLATHEAD   ◊ PAYETTE   ◊ TONTO

◊ GALLATIN   ◊ RIO GRANDE   ◊ WHITE RIVER

Eranthemum cinnabarinum

Deities, Gods, and Spirits

```
K N B R W N F G H O G S O C C
L P A C H A M A M A I B P A E
M G C C U D R X H L N E R H R
C W G N D A A F L B I A J A E
H E U F N A S I L F S I N N S
L S K Y K N P O H N A L M I S
O S A M A I D H I Y O E E Y U
R N U V H E D N N C D M D N L
I Y L C U R S O O E U V L A L
S E O W Y I K K I L E I M S E
S X E A W V V N B P E A C O C
I D D R D V A V D S A S B C U
D S H O X Y L U S W W T H U S
B E G L Y P U V M K I K D Y P
E P V F U R G U D O N K D S M
```

◊ ABU

◊ AJA

◊ ARANYANI

◊ BLODEUWEDD

◊ CERES

◊ CHLORIS

◊ DAPHNE

◊ DRYADS

◊ FAUNUS

◊ FLORA

◊ LESHY

◊ LOCO

◊ MEDEINA

◊ MELIAE

◊ MIELIKKI

◊ NINSAR

◊ OSANYIN

◊ OXYLUS

◊ PACHAMAMA

◊ SELVANS

◊ SUCELLUS

◊ TAPIO

◊ XOCHIPILLI

◊ YUM KAAX

```
H C R A R P W S S W M G E F E
W E M N A T A S A U U H I V E
O C H E N D N T I U L S P E A
W A H F O B E P D Y N O N K S
O L I G F R B O N S A I E S P
O A A F L S F P L W P E A A A
D P R I P A N A O L C R L N G
L G L T M A R E A T G M O H A
A Y A I S U R M R I E L V N T
N H N U T E S B E D L E S D E
D K P A L K C B A E L L R D W
A K N K Y B A M B O O I M T A
E G C A O R A N G E R Y H A Y
H A U O S K M M N D T K V C C
S K H U R H A R B O R E T U M
```

◊ BAMBOO GARDEN

◊ BONSAI HOUSE

◊ CHILDREN'S GARDEN

◊ COMPOST HEAP

◊ DAVIES ALPINE HOUSE

◊ GRASS GARDEN

◊ GREAT PAGODA

◊ JAPANESE GATEWAY

◊ KEW PALACE

◊ MINKA HOUSE

◊ NASH CONSERVATORY

◊ NATURAL AREA

◊ ORANGERY

◊ PALM HOUSE

◊ ROCK GARDEN

◊ SACKLER CROSSING

◊ TEMPLE OF AEOLUS

◊ TEMPLE OF BELLONA

◊ THE ARBORETUM

◊ THE HIVE

◊ THE RUINED ARCH

◊ TREETOP WALKWAY

◊ WATERLILY HOUSE

◊ WOODLAND GARDEN

Herbs and Medicinal Herbs

```
R H O S D R M A R O J R A M W
I I S D F R E D N E V A L T R
C H I V E S K F L S P B H H B
E L N E T T L E W S O Y T U T
L G L E M O N B A L M R R A Y
C Y A O T W D I N E G N R A M
O F E S V D R O M A E Y W E B
N R A L S A G C R T R A P A L
A H R B S A G L R A R G Y D I
G U S U R R I E M A C L T P S
E H N R R C A T C I E U U W A
R B A D B K S P C A W Y W B B
O T S O G O V E F U W O R I N
F P C C C G L Y W M A M E U D
D H U K C Y R O C I H C A B D
```

◊ BASIL

◊ BAY LEAF

◊ BURDOCK

◊ BURNET

◊ CARAWAY

◊ CHICORY

◊ CHIVES

◊ CICELY

◊ COSTMARY

◊ DILL

◊ GARLIC

◊ LAVENDER

◊ LEMON BALM

◊ LOVAGE

◊ MARJORAM

◊ MINT

◊ NETTLE

◊ OREGANO

◊ PARSLEY

◊ RUE

◊ SAGE

◊ SORREL

◊ TARRAGON

◊ THYME

Shrubs – Part One (Common Names)

```
V L B D E U T Z I A C C U Y S
I S F R I N G E T R E E D S N
R E Y E K C U B S H A R O N O
G D O I S R O C K R O S E N W
I A A K G P A S H R U B B Y B
N I E M B U I B B T K F S F E
I S G K F Y R R E B R A B R R
A H N P U S E R A N G R E E R
O C A M E L L I A E I H N M Y
R U R M W M W G B O A N H O F
R F D N M U N R U B I V P N N
B M Y I N P U A E L A Z A T B
P O H Y S S O P M N R G D I K
E V X A H P L U M B A G O A N
S E L B B O H G O D N I G P S
```

◊ AZALEA

◊ BARBERRY

◊ BOX

◊ CAMELLIA

◊ DAPHNE

◊ DEUTZIA

◊ DOGHOBBLE

◊ FREMONTIA

◊ FRINGE-TREE

◊ FUCHSIA

◊ HYDRANGEA

◊ HYSSOP

◊ MEXICAN BUCKEYE

◊ NINEBARK

◊ PLUMBAGO

◊ ROCK-ROSE

◊ ROSE OF SHARON

◊ SAGEBRUSH

◊ SHRUBBY VERONICA

◊ SNOWBERRY

◊ SPIRAEA

◊ VIBURNUM

◊ VIRGINIA SWEETSPIRE

◊ YUCCA

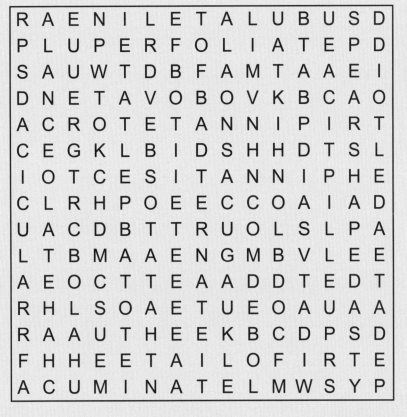

```
R A E N I L E T A L U B U S D
P L U P E R F O L I A T E P D
S A U W T D B F A M T A A E I
D N E T A V O B O V K B C A O
A C R O T E T A N N I P I R T
C E G K L B I D S H H D T S L
I O T C E S I T A N N I P H E
C L R H P O E E C C O A I A D
U A C D B T T R U O L S L P A
L T B M A A E N G M B V L E E
A E O C T T E A A D D T E D T
R H L S O A E T U E O A U A A
R A A U T H E E K B C D P S D
F H H E E T A I L O F I R T E
A C U M I N A T E L M W S Y P
```

◊ ACICULAR
◊ ACUMINATE
◊ CORDATE
◊ CUNEATE
◊ DELTOID
◊ ELLIPTIC
◊ FALCATE
◊ HASTATE

◊ LANCEOLATE
◊ LINEAR
◊ LOBED
◊ OBOVATE
◊ OBTUSE
◊ PALMATE
◊ PEDATE
◊ PELTATE

◊ PERFOLIATE
◊ PINNATISECT
◊ RHOMBOID
◊ SPEAR-SHAPED
◊ SUBULATE
◊ TERNATE
◊ TRIFOLIATE
◊ TRIPINNATE

The trees wave and the
flowers bloom in our bodies
as well as our souls, and
every bird song, wind song,
and tremendous storm
song of the rocks in the
heart of the mountains is
our song, our very own,
and sings our love.

John Muir

Parasitic Plants (Common Names)

```
V L C S E P A R M O O R B R R
S E S A N D F O O D E N N G H
R L E N A P L Y W D A A E Y E
E T S O H G O E I A A I I E P
K T E Y P T R C I A E J S N E
C A C N L P A E R F E I P P L
U R T O I P H D D O R H Y E P
S D V B R W N T D D Y C G P P
M P K L T A T B O A O N N H A
E A D A M C L B A O A D G C E
T S M O O D Y R E R F Y H E N
S E C R A J D O O M T E E E I
S N A M H C T U D O M S N B P
F I O S V I S Y U P T M I I M
K P I W O O D R O S E Y T A P
```

◊ ACID DROPS

◊ BEECH DROPS

◊ COMMON COMANDRA

◊ DEVIL'S TWINE

◊ DUTCHMAN'S PIPE

◊ EGYPTIAN BROOMRAPE

◊ FIELD DODDER

◊ FIVE-ANGLED DODDER

◊ GHOST PLANT

◊ GROUND PINEAPPLE

◊ HEMP BROOMRAPE

◊ JAVANESE CHIJIAN

◊ MOODJAR

◊ OAK MISTLETOE

◊ ORANGE MISTLETOE

◊ PINEFOOT

◊ RED BARTSIA

◊ SANDFOOD

◊ SNOW PLANT

◊ SUMMER CORALROOT

◊ SWEET PINESAP

◊ THURBER'S STEMSUCKER

◊ WOOD ROSE

◊ YELLOW RATTLE

Moss Genera – Part Two

```
S T E T R O D O N T I U M B C
I T B S D I P H Y S C I U M S
P E V S A L E M Y R B N W I A
E F L E U C O B R Y U M L I A
L C A L O M N I O N P A S E M
O H A I R O L Y A T N E A G B
C B F G H F A H I I T R A A L
U A D E T T I L T S Y M R R Y
E R M R V H I N O H A U C O T
L B L I C U O C C Y A R H V R
W U V A M F H O O K E R I A O
P L A G I O M N I U M F D G P
F A H M U N G A H P S E I L I
A L L E B M I L P A K H U I S
C A M P T O C H A E T E M A D
```

◊ AMBLYTROPIS   ◊ DIPHYSCIUM   ◊ OCHYRAEA

◊ ARCHIDIUM   ◊ FONTINALIS   ◊ PLAGIOMNIUM

◊ BARBULA   ◊ GAROVAGLIA   ◊ PTILIUM

◊ BRYMELA   ◊ HOOKERIA   ◊ SELIGERIA

◊ CALOMNION   ◊ LEUCOBRYUM   ◊ SPHAGNUM

◊ CAMPTOCHAETE   ◊ LEUCOLEPIS   ◊ TAYLORIA

◊ COSTESIA   ◊ LIMBELLA   ◊ TETRODONTIUM

```
A I U U A I E E I B M O Z V O
L F G G B L E U U N D C W T T
I K D A T Y A N P Y Y B O Y H
N K E T I E T U I B E Y U C L
A R O L A G L A C W M A Y A O
M B E A E H T G R I A A F C A
W U N P H G C M N A L G H N N
E T A D S P A A I A W C E I D
L F I P A E E N B A I E A K E
K C R C E B H A T B D R P A A
T O A E L U M M A L A R T U N
U Y D P H R E B E H Y G V R W
A U M C U I L E Y S K F E N A
D R A F R I C A N O I L K C X
U E W I N D M I L L E N I G C
```

◇ <u>AFRICAN OIL</u> PALM

◇ <u>ANDEAN WAX</u> PALM

◇ BLUE <u>HESPER</u> PALM

◇ <u>BOTTLE</u> PALM

◇ <u>BURI</u> PALM

◇ <u>CABBAGE</u> PALM

◇ <u>COCO</u> VERDE

◇ <u>COYURE</u> PALM

◇ <u>DARIAN</u> PALM

◇ <u>DATE</u> PALM

◇ <u>ELEGANT</u> PALM

◇ <u>MANAMBE</u> PALM

◇ <u>MANILA</u> PALM

◇ <u>MAYA</u> PALM

◇ <u>MULE</u> PALM

◇ <u>NEEDLE</u> PALM

◇ <u>NIKAU</u> PALM

◇ <u>PACAYA</u> PALM

◇ SPINY <u>LICUALA</u> PALM

◇ <u>TARAW</u> PALM

◇ <u>TRIANGLE</u> PALM

◇ <u>WINDMILL</u> PALM

◇ <u>WINE</u> PALM

◇ <u>ZOMBIE</u> PALM

Beautiful Blooms

```
D A F F O D I L T W D H N M G
S I A I L L E M A C R R L P V
A T H Z V S I T A M E L C O D
W N H L I S K L R A W A V P E
I A V Y M N R W Y G O I W P L
S R W I D T N A U Y L L R Y P
T T S A F R U I U N F H C E H
E S S L I L A C A O N A I N I
R A S K A W I N O E U D R O N
I P R O T E A R G P S T I M I
A K G U C P C V K E R O S E U
U L L M N H E A E L A Z A N M
D I N O I T A N R A C B C A F
P C L D H F H Y A C I N T H A
F O X G L O V E B S R M A U A
```

◊ ANEMONE

◊ ASTRANTIA

◊ AZALEA

◊ CAMELLIA

◊ CARNATION

◊ CLEMATIS

◊ DAFFODIL

◊ DAHLIA

◊ DELPHINIUM

◊ FOXGLOVE

◊ HYACINTH

◊ HYDRANGEA

◊ IRIS

◊ LILAC

◊ LILY

◊ ORCHID

◊ PEONY

◊ POPPY

◊ PROTEA

◊ ROSE

◊ SUNFLOWER

◊ TULIP

◊ WISTERIA

◊ ZINNIA

```
R T M U E K V S R E T T U B K
R O M B R O O M D A M E S S W
N D U F C R S S D I N F R W T
R A M Y E R W C O R P S E O U
H K K D A A F S W G I U I R O
V L H E P D T L N F U R C C N
C O B F D R L L A B E S A B S
T P W G I M A F T C A Y G Y Q
M A Y C U S A K C U D K E I U
K I H G T C O N I B R K L V I
P O N Y T A I L W B N K K A R
B L A C K B A T D O A M E D R
H B G W H B M Y M I K U U Y E
U N F H L E K I P S E R I F L
B U G L E W E E D F G R H G K
```

- ◊ <u>BASEBALL</u> PLANT
- ◊ <u>BEAR'S</u> BREECHES
- ◊ <u>BLACK BAT</u> FLOWER
- ◊ <u>BUGLEWEED</u>
- ◊ BUTCHER'S <u>BROOM</u>
- ◊ <u>BUTTER</u> AND EGGS
- ◊ <u>CORPSE</u> FLOWER
- ◊ <u>CROW'S</u> TOES

- ◊ <u>CUPID'S</u> DART
- ◊ <u>DAME'S</u> ROCKET
- ◊ ELEPHANT-FOOT <u>YAM</u>
- ◊ <u>FIRESPIKE</u>
- ◊ FLYING <u>DUCK</u> ORCHID
- ◊ KANGAROO <u>PAWS</u>
- ◊ <u>MONKEY</u> PUZZLE
- ◊ <u>NAKED MAN</u> ORCHID

- ◊ <u>OSTRICH</u> FERN
- ◊ <u>POLKA-DOT</u> PLANT
- ◊ <u>PONYTAIL</u> PALM
- ◊ <u>RED-HOT</u> POKERS
- ◊ SHAGGY <u>SOLDIER</u>
- ◊ <u>SQUIRREL</u> CORN
- ◊ SWINE'S <u>SNOUT</u>
- ◊ <u>TURKEY</u> CORN

Clomenocoma montana

```
Y P T E R I D O L O G Y Y G V
G E Y R T S E R O F S G K E C
O Y G G A S T R O B O T A N Y
L G O G O G Y G O L O D O H R
O O L E O L N M O G G H Y N V
D L O N T Y O C E N I R A M D
I O T E S Y Y T I D D H S S H
H N Y T I M G D A N A T O M Y
C Y C I L S E O A B K I C N G
R L I C H E N O L O G Y O D O
O A G S R Y G O L O C Y H P L
U P M B T A X O N O M Y A H O
B R Y O L O G Y M R G O C B C
O H Y N A T O B O E L A P R E
D E N D R O L O G Y V F E D G
```

◊ ASTROBOTANY

◊ BATOLOGY

◊ BRYOLOGY

◊ DENDROLOGY

◊ FORESTRY

◊ LICHENOLOGY

◊ MARINE BOTANY

◊ MYCOLOGY

◊ ORCHIDOLOGY

◊ PALEOBOTANY

◊ PALYNOLOGY

◊ PHYCOLOGY

◊ PLANT ANATOMY

◊ PLANT BREEDING

◊ PLANT CYTOLOGY

◊ PLANT ECOLOGY

◊ PLANT GENETICS

◊ PLANT TAXONOMY

◊ POMOLOGY

◊ PTERIDOLOGY

◊ RHODOLOGY

Trees Native to Asia (Common Names)

```
M D E N R O H K S P H B G B G
O D A I M Y O N R A B S A H W
R L F C I U A U Z O S H I M A
I I C R S M R E P I N U J T C
N V N A R B L A C E B A R K U
D W A E M P G N I B R A H Y U
A D T A D P E R P L V E E Y N
E B U J U J H I E E H C Y L L
C L H H S G N O S E L A R U S
H O B W F K V P R Y N D I T S
I V U I G I F G N I P E E W A
N Y I N V A A I L E N A J A P
E N A E R O K L I V K K B F C
S P M A A K N I L A H K A S C
E O A B D E V A E L E N O A K
```

- ◇ ASIAN HAZEL
- ◇ BHUTAN WHITE PINE
- ◇ CHINESE PLUM
- ◇ DAIMYO OAK
- ◇ ERMAN'S BIRCH
- ◇ FALSE CAMPHOR TREE
- ◇ GREEN ALDER
- ◇ HARBIN ELM
- ◇ HORNED HOLLY
- ◇ JUJUBE
- ◇ KOREAN MAPLE
- ◇ KOUSA
- ◇ LACEBARK ELM
- ◇ LYCHEE
- ◇ MORINDA SPRUCE
- ◇ ONE-LEAVED ASH
- ◇ OSHIMA CHERRY
- ◇ PAJANELIA
- ◇ PINK CEDAR
- ◇ SAKHALIN FIR
- ◇ SAVIN JUNIPER
- ◇ TEAK
- ◇ UTIS
- ◇ WEEPING FIG

```
K B L A M M A Y R H Z N L D D
C M A E E N U C W V A O O R A
K O O R B E Z A L G H T M O H
O V L E E A S R W M A C A F L
Y W H A A T R T E O V A X S G
U Y K T T U I X U E I L D A R
C N O R I K I M T W S O U B E
N E E U A A A B N T O A N R N
O L D W M T R O Y W O B S C S
M L S H S A S B N P R B P B F
M A V O V R N E L I B V B A B
E I A O E L E S T A K I R A I
L L V K N R V T D Y G B H I D
N T C E G N O S T R E B L A O
H E U R U N O I V R W T G Y U
```

◊ ABBOTT	◊ BRAVO	◊ HOOKER
◊ ACTON	◊ BRITTON	◊ LEMMON
◊ ALBERTSON	◊ DAHLGREN	◊ LOMAX
◊ ALLEN	◊ ECKERSON	◊ MEXIA
◊ AMMAL	◊ GALBRAITH	◊ RABEL
◊ ARBER	◊ GIBBS	◊ TRACY
◊ BARET	◊ GLAZEBROOK	◊ YOUMANS
◊ BASFORD	◊ GREENWOOD	◊ ZAHAVI

M is for …

```
M O A M A K I N O A C E A E E
E A E C A I H G I P L A M A A
E E Y E E R E Y H N R U E E E
E A E C A C A Y A M D U L C C
A E E G E E N S D M L A A A
E C S C C M C M T C C T N T I
C A S A A W A A N A M Y T R N
A S M V I I L I B C E H Y O
C U A N L U N N V L N E I M T
I M T B Y H M Y C A E K A P A
R M U G M B M F T O C M C E M
Y E A E C A R O M R L E E C G
M E T E O R I A C E A E A Y M
M O N T I A C E A E L M E E R
H N E A E C A N I G U L L O M
```

◊ MAKINOACEAE

◊ MAYACACEAE

◊ MONTIACEAE

◊ MALPIGHIACEAE

◊ MELANTHIACEAE

◊ MORACEAE

◊ MALVACEAE

◊ MELIACEAE

◊ MUSACEAE

◊ MARANTACEAE

◊ METEORIACEAE

◊ MYLIACEAE

◊ MARTYNIACEAE

◊ MNIACEAE

◊ MYRICACEAE

◊ MATONIACEAE

◊ MOLLUGINACEAE

◊ MYRTACEAE

```
P M E H G L M S Y R O C C U S
G P U B N E E U A N C F C U U
H P N U E N L R P F O O A F K
E G K G M N L M C W F I R T N
M G M L L E I D T O Y R R A A
L B A O C F L K E R Y L O B P
O U A S T E O Y N M E S T N W
C B N S E H T N O W D E S Y E
K U I G H H E F O O H E L A E
Y D S S W T S R T O H O O B D
H E L O T O F U W D A V E N S
D A L L T O R K R O S V B W U
B I E R G K R T R A R P U S S
L S S S A R G T O N K T S E T
E W C A I B R A B U H R H U V
```

◊ ALEHOOF   ◊ FENNEL   ◊ NETTLES

◊ AVENS   ◊ HEMLOCK   ◊ RHUBARB

◊ BARLEY   ◊ HEMP   ◊ RUSHES

◊ BISTORT   ◊ KNAPWEED   ◊ SAFFRON

◊ BRIONY   ◊ KNOTGRASS   ◊ SAGE

◊ BUGLOSS   ◊ LUNGWORT   ◊ SLOE-BUSH

◊ CARROTS   ◊ MELLILOT   ◊ SUCCORY

◊ ELM TREE   ◊ MOTHERWORT   ◊ WORMWOOD

Hibiscus huegelii

Mythological Plants

```
A R D O V A K K F N H H B T I
L I S A R D G G Y U M G A R O
O H U P U I M M H C N L R W E
K A P P S O E E C I O W N K L
K N K L N N T N K T U D A C I
O T N E U G A L U R S R C G A
B U Y R C R A S Z K D M L N G
U D A S I T L C G N H D E A L
J L I P F I T R A U D Y U S S
A R H G F E E M G G W S N U K
B O N E F E R T E M T A Y F Y
N W U D N H U N G R Y O M U H
O S A N J E E V A N I O R O I
G O L D E N N S N Y L M R R G
I L I O P H H I R Y W E R W H
```

◊ ALARUNE
◊ APPLE TREE MAN
◊ AUSTRAS KOKS
◊ BARNACLE TREE
◊ FERN FLOWER
◊ FUSANG
◊ GOLDEN APPLE
◊ GREEN MAN

◊ HANTU TINGGI
◊ HUNGRY GRASS
◊ IRRWURZ
◊ JUBOKKO
◊ LOTUS TREE
◊ MANDRAKE
◊ MOLY
◊ MONEY TREE

◊ NARIPHON
◊ NEFERTEM
◊ SANJEEVANI
◊ SKY-HIGH TREE
◊ TALKING TREES
◊ THE TREE OF LIFE
◊ WORLD TREE
◊ YGGDRASIL

Botany Books

```
H B B S S N E L A T R O M M I
K D O U G M P R C N S M L V G
D W T T K A E S R E T N U H D
C P A R F B R L O A K B B Y H
K K N O L L S T S C Z R S E W
O E I H N V O M I E I I K V L
O N C L G L N R G S U E B S T
B T U H L V S N A Y T R T E L
E A M N I T A L W D F S N Y A
E N T V V H E A V E N A S D D
R G B L C T R E E S L W W S D
T L O H A U C M U P E A O U E
O E H A I S S E M I O S N S R
N D D G A T H E R I N G K P S
F A T H E R S D R Y G G I G R
```

- A GARDENER'S <u>LATIN</u>
- <u>BIZARRE</u> BOTANY
- <u>BOTANICUM</u>
- BOTANY FOR <u>ARTISTS</u>
- <u>ENTANGLED</u> LIFE
- <u>FATHERS</u> OF BOTANY
- <u>FLORA</u>
- <u>GATHERING</u> MOSS

- <u>HORTUS</u> CURIOUS
- <u>LADDERS</u> TO <u>HEAVEN</u>
- LIVING <u>PLANET</u>
- PLANTS AND <u>SOCIETY</u>
- PLANTS AS <u>PERSONS</u>
- PLANTS THAT <u>KILL</u>
- SEEDS OF <u>CHANGE</u>
- THE BOTANICAL <u>ATLAS</u>

- THE HIDDEN LIFE OF <u>TREES</u>
- THE <u>IMMORTAL</u> YEW
- THE PLANT <u>HUNTERS</u>
- THE PLANT <u>MESSIAH</u>
- THE <u>TREE BOOK</u>
- <u>WEIRD</u> PLANTS
- WHAT A PLANT <u>KNOWS</u>

Musical Plants

```
C S S B H H L R M W B O K P S
N S L U S S S M O S S O L B M
S A C U T R A L M C V C Y I L
S R B B L C L B R C T E E V A
I G G E S I A E S Y V D G T P
E R S E W E A C U I U A A A Y
W E F D S M S H L C B N V E A
L P G L I U H O V K V D A H S
E U P N O H N A R D R E S W S
D S G U P W C F Z E V L I K E
E A L L T K E R L E N I I N R
Y P A A N T E R O O L O R V P
S N I K P M U P S D W N T H Y
T L R A S P B E R R I E S S C
S L L E B E U L B G S K R O P
```

- ◊ BLOSSOMS
- ◊ BRANDON FLOWERS
- ◊ CACTUS
- ◊ CYPRESS HILL
- ◊ DANDELION
- ◊ EDELWEISS
- ◊ GIN BLOSSOMS
- ◊ HAZEL
- ◊ IVY
- ◊ KATE BUSH
- ◊ OLIVE
- ◊ PALMS
- ◊ ROBERT PLANT
- ◊ SAVAGE GARDEN
- ◊ SCREAMING TREES
- ◊ SMASHING PUMPKINS
- ◊ SUNFLOWER BEAN
- ◊ SUPERGRASS
- ◊ THE BLUEBELLS
- ◊ THE ORCHIDS
- ◊ THE RASPBERRIES
- ◊ THE STONE ROSES
- ◊ WHEAT
- ◊ WHITE WILLOW

Tropical and Rainforest Plants
(Common Names)

```
D E K A N S H K P O F M G A I
B C O R P S E P C N P B C N D
R U B B E R M A R I P A K A V
A E S H R T U S U C N A I N B
Z R T A V A S S A C P L A A F
I A I A B N N I R O E N I B B
L L J R W U D O K M A S O R D
W L K A R R O N O I R Y N E P
A I A O C O C R L S G S A H I
L N V E S K B H A R A B I C A
K A M R K S F N E T L U R T S
I V U R K N D R L E Y F U I S
N E N A Y B P N U D S R D P A
G P O L O A W W K I P E M W V
T E U X N R O H G A T S P S A
```

◊ BANANA

◊ BRAZIL NUT

◊ BROMELIAD

◊ CASSAVA

◊ COCOA TREE

◊ COFFEA ARABICA

◊ CORPSE LILY

◊ DURIAN

◊ JACKFRUIT

◊ KAPOK

◊ LIANA

◊ MARIPA PALM

◊ PARA PIASSAVA

◊ PASSION FLOWER

◊ PITCHER PLANT

◊ RUBBER TREE

◊ SANDBOX TREE

◊ SILKY OAK

◊ SNAKE PLANT

◊ STAGHORN FERN

◊ SWISS CHEESE PLANT

◊ VANILLA ORCHID

◊ WALKING PALM

◊ WATER LILY

Kew Gardens by Virginia Woolf
(Excerpt) – Part One

```
S T N E V M U C R I C N D W Y
E N O T S T I D F B W V M O H
W A A N D N K N E D E O D T U
H B W I L E D Y E R V F R H M
E E A H L T E L Y I A A O E A
T G Y T S R L P N T E E F R N
H A U V G O P G A G R S P R E
E N L C R U M B S S T T W P H
R N A F F D U G M A T G O C A
I M E R A W R S L D O E I O C
E L O E A R C K E A H H V L R
D M D V R T C O L K W F B A O
O E E E X G N H V V A S T V S
W D S E B R O K E E R L E O S
N G N T R E E S L D R O U N D
```

In the oval flower bed the snail… appeared to be moving very slightly in its shell, and next began to labour over the crumbs of loose earth which broke away and rolled down as it passed over them. It appeared to have a definite goal… Brown cliffs with deep green lakes in the hollows, flat, blade-like trees that waved from root to tip, round boulders of grey stone, vast crumpled surfaces of a thin crackling texture—all these objects lay across the snail's progress between one stalk and another to his goal. Before he had decided whether to circumvent the arched tent of a dead leaf or to breast it there came past the bed the feet of other human beings.

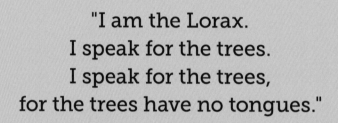

"I am the Lorax.
I speak for the trees.
I speak for the trees,
for the trees have no tongues."

Dr Seuss (*The Lorax*)

Fabulous Fungi

```
E W F C E L L E R E T N A H C
L F I N G E R S A R I N V P Y
F U S K D N A T E A B V A G S
C W A X C A P N W V G R V I L
U N N I W D R O H V T A A K G
P Y D U W U O O F T O H R I D
C B Y C B D A D B R O W N I N
G O R L S V C D T F T C N L C
G Y C A K E S H B T H A L P N
O S P S C P M I I L E R O M G
A T B M T K D W Y W A N S V Y
L E G N A E E F I N K C A P L
M R P I A L V T E L N D R W L
T P U D B U L S A O I E A R E
H F U E A R T H B A L L P R J
```

◊ BEARDED TOOTH FUNGUS

◊ BROWN ROLL-RIM

◊ CHANTERELLE

◊ CHARCOAL BURNER

◊ CHICKEN OF THE WOODS

◊ COMMON EARTHBALL

◊ COMMON INKCAP

◊ DEAD MAN'S FINGERS

◊ DESTROYING ANGEL

◊ FLY AGARIC

◊ GIANT PUFFBALL

◊ JELLY EAR

◊ KING ALFRED'S CAKES

◊ MOREL

◊ OAK BRACKET

◊ OYSTER MUSHROOM

◊ PENNY BUN

◊ SANDY STILTBALL

◊ SCARLET ELF CUP

◊ SHAGGY PARASOL

◊ WAXCAP

◊ WOOD BLEWIT

◊ YELLOW BRAIN

Plants in Myths and Legends

```
L M U A M I O E A A L M E S N
A P E R I W I N K L E B L F E
L H U K O L H M Y I A A V E P
Y Y Y H W S O H F Y L M F N S
M N P A K H E T L O O B P L A
E O U L C N B A U R M O G K A
B E F N B I U A E S C O L G R
I P M A A R N G T U L I P O N
R B N E E E A T B B L R N T I
C E Y L M N A L H Y O G L U C
H E O O O L G L K W O I O K A
W A N E E R T N A Y N A B O U
G E Z F S V V N F D M W L L A
I B C E H E L L E B O R E A S
R K N L L F A N R T U O E P H
```

◊ ANEMONE   ◊ ELM   ◊ LOTUS

◊ ARNICA   ◊ GOTU KOLA   ◊ OREGANO

◊ ASH   ◊ HAZEL   ◊ PEONY

◊ ASPEN   ◊ HELLEBORE   ◊ PERIWINKLE

◊ BAMBOO   ◊ HENBANE   ◊ ROSE

◊ BANYAN TREE ◊ HYACINTH   ◊ ROWAN

◊ BAY LAUREL   ◊ LILY   ◊ TULIP

◊ BIRCH   ◊ LINDEN   ◊ YEW

Flowery Female Names

```
A T L V I B N Y Y R Y I H Y K
P D W E G F R N L N B P C W U
D N A A Z Y E E I V P A P S G
L C T H S A F W L T M Y V O H
O O D I L E H D I E B K O P P
G B A A L I N O L E I L A N I
I D L T S L A L P U A A P D C
R K R E G T I B E I C R G G L
A Y D N B A L B N I D V A L U
M K E S I N A U R V T D E Z G
P B F I C O T E S O R B E A Y
S Y B U N E R E D N E V A L A
B I D A P H N E U U V N V U P
E G R U E L F Y L H O L L Y D
Y V I I O V I B V T O E U T O
```

◊ ANISE   ◊ ERICA   ◊ LEILANI

◊ AYGUL   ◊ FERN   ◊ LILY

◊ BLODWEN   ◊ FLEUR   ◊ MARIGOLD

◊ BLUEBELL   ◊ HAZEL   ◊ MYRTLE

◊ CAMELLIA   ◊ HOLLY   ◊ PETUNIA

◊ DAHLIA   ◊ IRIS   ◊ POPPY

◊ DAISY   ◊ IVY   ◊ ROSE

◊ DAPHNE   ◊ LAVENDER   ◊ ZARA

```
L S G G I R B N N D N Y E V D
C K A M W C R E I G H T O N E
L K W A U R L A N K E S T E R
R A H E M P E L E N N P D Y I
S I D I I R G B E N O T S W C
N T E R C K B R N U M L L U K
O N V F O I E E M A A E G I W
I F I P R N R W I R D S T B M
S A L C O D L I W B H K E L F
S M M G U C G S R E E T U U T
E T O A K T O N T S F G N I O
S V R R H R D C A N P K N H K
S E I S S E F H K H U L K U R
K U N F O A C P O P E N O E B
Q S H C H T K O A F E V T D Y
```

◊ BRAUN

◊ BREWIS

◊ BRIGGS

◊ BUNGE

◊ CHASE

◊ CREIGHTON

◊ CRIBB

◊ DE VILMORIN

◊ DERICK

◊ ESAU

◊ FUNK

◊ HANG

◊ HEMPEL

◊ KERAUDREN

◊ KIEW

◊ KULL

◊ LANKESTER

◊ NORDAL

◊ POCOCK

◊ POPENOE

◊ QUIRK

◊ SESSIONS

◊ STONE

◊ TREAT

Country Garden

```
L V C R O C O S M I A H G H H
S E H T N A I L O P W A L A D
H S O I D W I S T E R I A I E
O A P X Y D O P V O F N D N L
L U L M O N A L P N M S I O P
L C A U L L B T L Y S R O G H
Y A I I N C H A Y A E B L E I
H T L L N A V P R N M O I B N
O M H L U E P G B C W K V P I
C I A A N O R M B E O I S E U
K N D D P E F P A D H S S U M
C T E S V E N B I C F O M V M
T R U L W D G C N L R K S O P
O D I A N T H U S W U L E Y S
C S Y H E L E N I U M T S B O
```

◊ ALLIUM

◊ BEGONIA

◊ CAMPANULA

◊ CATMINT

◊ COSMOS

◊ CROCOSMIA

◊ DAHLIA

◊ DELPHINIUM

◊ DIANTHUS

◊ GLADIOLI

◊ HELENIUM

◊ HOLLYHOCK

◊ LAVENDER

◊ LUPIN

◊ MUSK MALLOW

◊ NERINE

◊ PEONY

◊ PHLOX

◊ POLIANTHES

◊ POPPY

◊ ROSE

◊ SILVERGRASS

◊ TULIP

◊ WISTERIA

Dendrobrium dixanthum

Cool Carnivores

```
E N I P L A N B H B I P O S E
Y D W U M D T C C E U I I C L
L P E D E K R O F A T R I O U
E A R W N A A B A K N L W O S
E R P F S D P R S E A S C I I
H R S R M T G A G D L H D L R
W O A R O K I N G H P E F H S
R T W C N N A C U D S Y T U S
E O R S K R S M K A M R N I L
T I E C E H P R D O U E I A H
A F P A Y E S D D M V G D H K
W A V P D F L E P V F M U N L
M K C E E E S E W O B N I A R
B Y W S G T T R L I D P C V R
V Y K D S W E R C S K R O C E
```

◊ ALBANY PITCHER PLANT

◊ ALICE SUNDEW

◊ ALPINE BUTTERWORT

◊ BEAKED TRIGGERPLANT

◊ CAPE SUNDEW

◊ COBRA LILY

◊ CORKSCREW PLANT

◊ DEWY PINE

◊ FAIRY APRONS

◊ FORKED SUNDEW

◊ GORGONS DEWSTICK

◊ HUMPED BLADDERWORT

◊ KING SUNDEW

◊ LOW'S PITCHER PLANT

◊ MODEST RAINBOW

◊ MONKEY CUPS

◊ PARROT PITCHER PLANT

◊ PINK PETTICOAT

◊ RAINBOW PLANT

◊ SIDE-SADDLE FLOWER

◊ VENUS FLY TRAP

◊ WATERWHEEL PLANT

◊ YELLOW TRUMPET

```
R E S C E P I B L A S T U S E
S A I S O T O P V I Y P A U P
U C R Y P T O C H I L U S L L
L C A M K T W C L A S W O I A
I O E R Y W R N I T N C A H T
H E L T P O P D E A O O A C Y
C L A T I A I N A G K M C O R
O I G E P P O V L N E F A C H
I A L U O P U O E D G L T S I
R U A R T D T L I G C U T A Z
E E T E E T E N A S F I L M A
A R R U I Z W L H R C W E O B
H A N S G E N N A R I A Y A A
H E T E R O T A X I S A A V S
H M U I B O Y R B C S O E S H
```

◊ ANGULOA
◊ ASCOCHILUS
◊ BRYOBIUM
◊ CATTLEYA
◊ COELIA
◊ CRYPTOCHILUS
◊ EPIBLASTUS
◊ ERIOCHILUS
◊ GALEARIS
◊ GENNARIA
◊ HETEROTAXIS
◊ NIDEMA
◊ PAPUAEA
◊ PLATYRHIZA
◊ PLOCOGLOTTIS
◊ POTOSIA
◊ STENOPTERA
◊ TIPULARIA
◊ TROPIDIA
◊ ULEIORCHIS
◊ ZELENKOA

Trees Native to Europe (Common Names)

```
U C R E T A N S W S O T S C C
G M G A E E S E K I E T Y G R
D H E H S I Y B W C C M C R A
A H M W W S S V N I U N A E C
T D I S N M O E W L R U M E K
E P T S L E P H F I P Y O K H
P O I I D S V C O A S G R G S
L N R M A X T I U N H A E F R
U E A M A S E H L W V G A A H
M L M C K P H T U O M Y L P S
P E G W N A L N I B U D D R I
I A L A R I X E M V E M E S L
G V R D K S I R A M A T R T G
L E R U A L K R E P I N U J N
H D D M M L E K C O L S R D E
```

◊ ASPEN
◊ BAY LAUREL
◊ CRACK WILLOW
◊ CRETAN DATE PALM
◊ DATE-PLUM
◊ ENGLISH OAK
◊ FALSE MEDLAR
◊ FIELD MAPLE

◊ FOETID JUNIPER
◊ FRENCH TAMARISK
◊ GREEK FIR
◊ LARIX
◊ LOCK ELM
◊ MARITIME PINE
◊ NORWAY SPRUCE
◊ OLIVE

◊ ONE-LEAVED ASH
◊ PLYMOUTH PEAR
◊ SICILIAN FIR
◊ SPECKLED ALDER
◊ SWISS PINE
◊ SYCAMORE MAPLE
◊ VITEX
◊ YEW

A is for ...

```
A G E A R N E L L I A C E A E
E H A U P E A E W E U A B A H
A A E N E A E M A A L D H S O
E N C E A E C A C E R A E T A
C A A W E C A D P C C A C E Y
A R E A C A O O E A I A I L A
I T T C A N Z X A N B R R I K
R H A O I O I A E Y H H R A A
A R Z R O N A C C C A H L C N
H I L A L N S E A O S A E E I
C A A C H A D A I P V U O A A
A C U E P H A E L A A S D E C
I E Y A A A P I A C E A E O E
A A N E A E C A R U E N A V A
A E X T O X I C A C E A E A E
```

◊ ACHARIACEAE   ◊ ALZATEACEAE   ◊ APOCYNACEAE

◊ ACORACEAE   ◊ ANARTHRIACEAE   ◊ ARACEAE

◊ ADOXACEAE   ◊ ANEURACEAE   ◊ ARALIACEAE

◊ AEXTOXICACEAE   ◊ ANNONACEAE   ◊ ARECACEAE

◊ AIZOACEAE   ◊ APHLOIACEAE   ◊ ARNELLIACEAE

◊ AKANIACEAE   ◊ APIACEAE   ◊ ASTELIACEAE

Botanical Terms – Part Two

```
M W R T R K C O S S U T P N P
D R E T O O R T H O R N G A Y
E S N S K A P B E V C A L T A
H V M T H Y U T S C L T E H I
T C Y A U R A A F T A I T I D
O N F M R L G O E E B U A T I
O E N E A R H R L L S Q N E M
T E C N D H N B O E L E D D P
M R U B T A U O S A C I A O W
D G S S T L M L P S C I Y E R
O R P E B P R E E N E L D B K
L E U N Y R S B D W O C A E M
R V M P A F U S I F O R M S P
B E K U E P Y R E N E W Y D S
D E C I D U O U S E S S I L E
```

◊ ADNATE	◊ CUSP	◊ PYRENE
◊ ALATE	◊ DECIDUOUS	◊ ROOT
◊ ALTERNATE	◊ DRUPE	◊ SEPAL
◊ BLOOM	◊ EQUITANT	◊ SESSILE
◊ BOLE	◊ EVERGREEN	◊ STAMEN
◊ BULB	◊ FUSIFORM	◊ THORN
◊ BURR	◊ PEDICEL	◊ TOOTHED
◊ CLASS	◊ PUBESCENT	◊ TUSSOCK

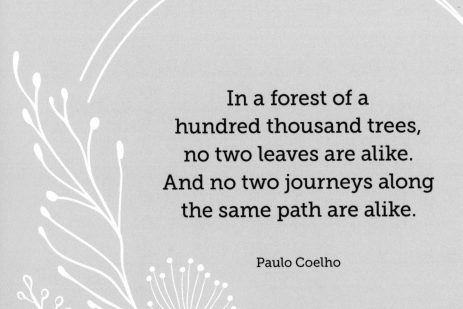

In a forest of a
hundred thousand trees,
no two leaves are alike.
And no two journeys along
the same path are alike.

Paulo Coelho

```
I G N I T A E E T I K W Y E S
K M W A M S L I V E D I L G L
R A U D R E Y I I G N I N D U
Y U T N A E R T V K F I T A O
N I M E C L N C V A P A N R S
O N C L A U F I Y M O N I M O
I T R K S C N R O C I R P A N
D E R C D E A H M M K M H L G
E G L U I N W T L M A T R L B
E R W R F H T O C N N O E O E
W A Y T F F T V D A V O D R L
D L U W I H U R R I C R I N L
E M B O R H A L R P F G L H M
R P Y B T K W B A V I D G N T
G K U V E M A G E B U L B T D
```

◊ APRICORN

◊ AUDREY II

◊ BLACK MERCY

◊ BOWTRUCKLE

◊ CACTACAE

◊ DEVIL'S SNARE

◊ GROOT

◊ INKVINE

◊ INTEGRAL TREES

◊ KITE-EATING TREE

◊ KRYNOID

◊ LIFA TREE

◊ MAGEBULB SEED

◊ MALLORN

◊ MANDRAKE

◊ NIMLOTH

◊ NIPHREDIL

◊ RED WEED

◊ SONGBELL SEED

◊ TREANT

◊ TREE OF SOULS

◊ TRIFFIDS

◊ TRUFFULA TREE

◊ WHOMPING WILLOW

Desert Flora

```
T T N N A I L A R T S U A O D
M S R O D T J U N I P E R C P
O V P I O G H R K S P R H R K
R V E E A P S G B I S O L E N
A Y D L H N S C P N L I E O L
U U R B V R G N K L S R R S A
G P E C R E A L A M C O R O C
A B V I C G T A E C A N A T C
S A O A R E L T R T N W B E U
C S L O U W N A N O H O N E Y
C E A N M P G A M U N O D U H
H B P O L D G R K E L D L P C
D A L E A I L E C A H P Y B A
D L A T G E L E P H A N T H E
M L E B Y S T Y R T M R W I P
```

◊ AUSTRALIAN ACACIA
◊ BARREL CACTUS
◊ BASEBALL PLANT
◊ BLUE PHACELIA
◊ CALIFORNIA JUNIPER
◊ CARNEGIEA GIGANTA
◊ CREOSOTE BUSH
◊ DATE FAN PALM

◊ DESERT IRONWOOD
◊ DESERT LILY
◊ DESERT PEACH
◊ DESERT SPOON
◊ ELEPHANT TREE
◊ HONEY MESQUITE
◊ HYDNORA AFRICANA
◊ JUMPING CHOLLA

◊ LACE CACTUS
◊ ORGAN PIPE CACTUS
◊ SAGUARO CACTUS
◊ SILKY DALEA
◊ SOAPTREE YUCCA
◊ TRIANGLE BURSAGE
◊ VELVET MESQUITE
◊ YELLOW PALOVERDE

True Lilies (Common Names)

```
A S D I V A D I I I Y D B C I
N D C O A S T U S Y E L L E K
N F H R E N R D R A P O E L E
O O S D E I R R R E G I T G K
D R K Y H T E V N H P D D O Y
A M F S A D S I N O I L M L L
M O E B W R P A R A C S H D D
H S A O C L G A E E A G U E N
A A O H A R N B T F N G N N E
N D N P T G S E S H A O N M I
S P D C E K I N E E D L M A R
O D C V S Y L G W N A L H E F
N B B K B H A U N R P E S L L
S N L A Y O R E R Y H K W F E
G U Y K S P Y T G S G R M B U
```

◊ ALPINE LILY

◊ BENGUET LILY

◊ CANADA LILY

◊ CATESBY'S LILY

◊ COAST LILY

◊ DAVID'S LILY

◊ EASTER LILY

◊ FORMOSA LILY

◊ FRIENDLY LILY

◊ GOLDEN APPLE

◊ GRAY'S LILY

◊ HANSON'S LILY

◊ HENRY'S LILY

◊ KELLEY'S LILY

◊ KELLOGG'S LILY

◊ LEMON LILY

◊ LEOPARD LILY

◊ MADONNA LILY

◊ ORANGE LILY

◊ REDWOOD LILY

◊ ROYAL LILY

◊ SHIRUI LILY

◊ TIGER LILY

◊ WESTERN LILY

Botanical Last Names

```
F A F R U P S B A K M N N V A
I N L V B O V F R O E B K A K
D A S O N I P S E D S H B F O
R W S G E S O R N H O N S K U
T O P P A B D I N G S F P A S
A R A A E K L A G E R U N N T
M K S L O N O O A K T G B K A
B B E H L O T O M I J U F N M
O A L D R I I V O G D D O R T
L R U R S T M R M G R T W O N
I C T M E B T A L K E E T H A
K L K F R E N Y L L S E N T L
I A C D G D D L P A P S O E P
L Y B A E D E P A L M A H P M
P O M L U G A R O F A L O G N
```

◊ ALAMILLA

◊ APPLETON

◊ ASH

◊ ASPEN

◊ BARCLAY

◊ BAUM

◊ BLOMGREN

◊ BUSH

◊ DE PALMA

◊ ESPINOSA

◊ FUJIMOTO

◊ GAROFALO

◊ KOHL

◊ LAGER

◊ LINDEN

◊ MANDEL

◊ MATSUOKA

◊ ORTEGA

◊ PLANT

◊ REED

◊ ROSE

◊ ROWAN

◊ TAMBOLI

◊ THORN

Asteraceae Genera (Daisy Family)

```
A A A E F B A R N A D E S I A
T I R I A I B B E B V F S K K
E N S S M A T C E I I I A O S
P A S R Y O T C T K T D E M A
H Z I S E B S T H C C H A P P
R U N S T V A E A I N I H F H
O L W V E D A G N E A W T O O
S A R A I R I R O O I E N I E
E Z R N H L A L T G E R A F B
R V I A O F A O A L U N I A A
I A I S K Y D G S U P E S C N
S P A P U A C A L I A R A E T
N C H A P T A L I A H I L L H
R O G L C A E S U L I A P I U
P L A G I O L O P H U S A S S
```

◊ BARNADESIA	◊ KOEHNEOLA	◊ PLAGIOLOPHUS
◊ BEBBIA	◊ LAPSANA	◊ SOARESIA
◊ CAESULIA	◊ LASIANTHAEA	◊ TEPHROSERIS
◊ CHAPTALIA	◊ NEONESOMIA	◊ TRAVERSIA
◊ FACELIS	◊ OLIGACTIS	◊ VITTADINIA
◊ FITCHIA	◊ PAPUACALIA	◊ WERNERIA
◊ INULA	◊ PHOEBANTHUS	◊ ZALUZANIA

Tulipa eichleri

Old-Growth Forest Areas

```
L T M W O L V S P C P N B P L
P O L L E T T S E M S O L B K
M R W E S T E R N I A T F L K
R E A T B T V G Y B L W H F M
A T L H E A E O P E N L S O O
V X T T R L N D U R S P I T U
N A D A Z N I D Z L S P V G N
A B P Y B E K R Z K R U I P T
C A T H E D R A L A E H N S A
H T I I T R A W E K L C D R I
F V R R L I T E W A D T T O N
M B H A A L H S O M D O P D R
O H R R S E M D O E A N E A I
U K G N K Y B A D G S A A Y L
C R N A P O D A N A N E U B A
```

◇ BAXTER STATE PARK

◇ BEAR MOUNTAIN

◇ BEAR SWAMP

◇ BELT WOODS

◇ CATHEDRAL PINES

◇ CRAWFORD NOTCH

◇ CRNA PODA

◇ DYSART WOODS

◇ FOREST OF DEAN

◇ GILLIES GROVE

◇ KAKAMEGA FOREST

◇ MELTZER WOODS

◇ POLLETT'S COVE

◇ PUZZLEWOOD

◇ RAVNA VALA

◇ RILA NATIONAL PARK

◇ SADDLER'S WOODS

◇ SEWARD PARK

◇ SIPSEY WILDERNESS

◇ TARKINE

◇ TILLMAN RAVINE

◇ VALLE CERVARA

◇ WESTERN CAUCASUS

◇ WHITE BEAR FOREST

```
B W L Y L L A G N I T R O F D
A P A N K E U R T S A Z Z O S
E N I D R A J N U S V C Y A O
S D C M O U E L N O P D N D N
C S N I V L A V K U L I G S E
V R A M E T H U S E L A H N G
G E R E I N P M I S A N T O E
R T T W Y O T F A A D B S V E
A S A T R T O M W K Y E S U G
N I K S N C D E W G N N R O N
I S U J S F F L A Y N A V O
T K R U R A I N T R E E D J K
C I V H A B L O A V D T E T D
L L A N G E R N Y W U T C N L
P R E S I D E N T I K H K W S
```

◊ BENNETT JUNIPER
◊ CEDARS OF GOD
◊ ELIA VOUVON
◊ FORTINGALL YEW
◊ GRANIT OAK
◊ ITALUS
◊ JARDINE JUNIPER
◊ KOCA KATRAN

◊ KOCA PORSUK
◊ KONGEEGEN
◊ LADY LIBERTY
◊ LLANGERNYW YEW
◊ METHUSELAH
◊ PANKE BAOBAB
◊ RAINTREE
◊ S'OZZASTRU

◊ SCOFIELD JUNIPER
◊ STARA MASLINA
◊ TEJO MILENARIO
◊ THE ANCIENT YEW
◊ THE PRESIDENT
◊ THE SENATOR
◊ THE SISTERS
◊ TNJRI

```
S F V I S I R E D N A E L O G
K F A E L S M A S R A E D G G
S S M M F P E U S N N E A S I
U L I G R S C R H U V D N U D
C P Y E V S F T P O T G D T A
O P S G I F E D L Y N O E P H
R S D B I A M G O I C M L Y L
C R I A R A X D V C A U I L I
L H E O D O N I Y G T U O A A
I M S D F E G K I A T O N C B
L E E A L T S C G K I R R U S
A R O I W I M E R I C C C E S
C F A S V C W K R O C H F T M
S V V Y U E P C U T D I T B S
B N K P I L U T B B O D K O F
```

◊ A <u>WILDER</u> ROSE

◊ <u>DAISY</u> MILLER

◊ <u>DANDELION</u> WINE

◊ <u>DOCTOR</u> MARIGOLD

◊ <u>EMPRESS</u> ORCHID

◊ <u>EUCALYPTUS</u>

◊ <u>FLOWERS</u> IN THE <u>ATTIC</u>

◊ <u>FOXGLOVE</u> SUMMER

◊ <u>LEAF</u> STORM

◊ <u>MAGIC</u> FOR MARIGOLD

◊ <u>PEONY</u>

◊ PURPLE <u>HIBISCUS</u>

◊ ROSE <u>MADDER</u>

◊ SAD <u>CYPRESS</u>

◊ THE BLACK <u>DAHLIA</u>

◊ THE BLACK <u>TULIP</u>

◊ THE <u>DESERT</u> ROSE

◊ THE <u>GIVING</u> TREE

◊ THE <u>LOTUS</u> EATERS

◊ THE <u>ORCHID</u> HOUSE

◊ THE <u>TEA</u> ROSE

◊ UNDER THE <u>LILACS</u>

◊ WHITE <u>OLEANDER</u>

◊ YELLOW <u>CROCUS</u>

Tall Nettles by Edward Thomas

```
E S E H T E V Y R E W O H S B
C L H F W M R L E R N V G A U
M M H T S S E N T E E W S N T
C A A C P N W O T N X K O E T
V L R N I B O T S R C E M R U
L V R D Y E L P B O E E D M N
W M O M V E F S U C P T L A V
N N W O S R E V E N T L O O M
E F R Y F A R M Y A R D S P L
L P L T Y Y E H T M B R T I S
D W C S W Y E W R E L L O R C
U M V U W E R N P L O U G H O
S O M R K T L S O L O N G N V
T S S I A B T L H T M P K O E
B T L U S P R I N G S P I W R
```

Tall <u>nettles</u> <u>cover</u> up, as <u>they</u> have <u>done</u>

<u>These</u> <u>many</u> <u>springs</u>, the <u>rusty</u> <u>harrow</u>, the <u>plough</u>

<u>Long</u> <u>worn</u> out, and the <u>roller</u> <u>made</u> of <u>stone</u>:

<u>Only</u> the <u>elm</u> <u>butt</u> <u>tops</u> the nettles <u>now</u>.

This <u>corner</u> of the <u>farmyard</u> I like <u>most</u>:

As <u>well</u> as any <u>bloom</u> <u>upon</u> a <u>flower</u>

I <u>like</u> the <u>dust</u> on the nettles, <u>never</u> <u>lost</u>

<u>Except</u> to <u>prove</u> the <u>sweetness</u> of a <u>shower</u>.

Flowering Plant Families (Common Names)

```
P T E G D E S A D V P A L M N
G A A A L I L A M A R A N T H
I D R T E P H E G A B B A C E
R E T S K V M C B L N D W G R
D E O G L Y H E R O H T A E H
N W D O U E G R U O C R W G R
I D L D E R Y N S R O O H T S
D N G A A L R L T B L E A U N
R I V S M M I N M F H V H W B
R B S A B R A W L T P T H C Y
V O I S I L O L N D N B S I T
S V S S P L E I B A Y W H M T
Y E N E L B M F C I M T E U W
S R C A R U M A I S E E C S S
F I M Y R T L E D Y Y E S A Y
```

◊ ACANTHUS

◊ AMARANTH

◊ ARUM

◊ BELLFLOWER

◊ BINDWEED

◊ BORAGE

◊ CABBAGE

◊ DAISY

◊ GRASS

◊ HEATH

◊ ICE PLANT

◊ IRIS

◊ IVY

◊ MADDER

◊ MALLOW

◊ MINT

◊ MYRTLE

◊ NETTLE

◊ ORCHID

◊ PALM

◊ PARSLEY

◊ ROSE

◊ RUE

◊ SEDGE

Passiflora van-volxemii

Trees Native to North America
(Common Names)

```
Y A B D E R B E D T V C L W K
G D R L Y C L B S L W O X C D
I P O I N A A U I O M A T O G
O S L G Z M C L C S K S G G B
A W P W W O K R I Y B T N T M
K E U R L O N A E V C I P A G
O E H Y U E O A D I K L A M T
Y T I B I C N D T A T E C A E
A B N G N Y E S U U E S I R X
U A O W H K A Q N E I Y F A A
P Y O C W M W T R E H L I C S
O I T M I P S T H E G L C K D
N I K Y I E P K L G D W A R F
P H A N H O Y R R E B L U M I
E V K C H O M A K S A L A L H
```

◊ ALASKA BIRCH

◊ ARIZONA WALNUT

◊ BLACK ASH

◊ BOX ELDER

◊ CHESTNUT OAK

◊ COAST REDWOOD

◊ COMMON HOPTREE

◊ DWARF MAPLE

◊ FALSE MASTIC

◊ NOOTKA CYPRESS

◊ PACIFIC DOGWOOD

◊ PINK SHOWER TREE

◊ PITCH PINE

◊ QUAKING ASPEN

◊ RED ALDER

◊ RED MULBERRY

◊ RED BAY

◊ SILKY DOGWOOD

◊ SWEETBAY MAGNOLIA

◊ TAMARACK

◊ TEXAS EBONY

◊ THORNY LOCUST

◊ WHITE SPRUCE

◊ YAUPON HOLLY

Outstanding Orchids

```
M E Y M N J D R E G I T H K B
Y E K N O M U E M U S K D C N
E E A S T E R N H P N K K U A
T E E L W P G P G I U A P D M
E E S I D A I L K L N T I Y D
V E Y P A A N C U X E E N H E
M R B P R O F F K A D C E A K
A A N E T E S F R W E K A A A
N T L R V N B P O H D V P T N
G S W W F A A M Y D S M P E U
R E U U R F I R U L I T L U R
O R A E E L U M G C A L E C A
V I H D W E L T W A U C V C G
E F D P A F R O G B R C F A W
N L A D I M A R Y P W F C G R
```

◇ ADAM AND EVE

◇ BEE ORCHID

◇ BULL ORCHID

◇ CALYPSO

◇ CUCUMBER ORCHID

◇ DAFFODIL ORCHID

◇ EASTER ORCHID

◇ FIRE-STAR ORCHID

◇ FRAGRANT ORCHID

◇ FROG ORCHID

◇ JUNGLE CAT ORCHID

◇ LARGE DUCK ORCHID

◇ MANGROVE ORCHID

◇ MONKEY ORCHID

◇ MULE EAR ORCHID

◇ MUSK ORCHID

◇ NAKED MAN ORCHID

◇ NUN'S ORCHID

◇ PINEAPPLE ORCHID

◇ PYRAMIDAL ORCHID

◇ SLIPPER ORCHID

◇ SWAN ORCHID

◇ TIGER ORCHID

◇ WAX LIP ORCHID

68   *Rosaceae* **Genera (Rose Family)**

```
H S U P R A C O C R E C H G A
L U P A D E L L U S H R O Y I
I N A R O H P I S A D I L A N
N U A I M O C N E B O C O E A
D R T E U S T N O F U P D A W
L P A I T R O F F I L C I R O
E L D R Y M O C A L L I S I C
Y F K D E A A C P I D T C P W
E W V L R R P Y B P L U U S E
L P E I O R H D A E G L S O O
L S A N E O A O T N S V I R T
A I I U L F N N I D F U O E S
K A I M P M E I D U M N B X N
P W H I N O S A E L K T V U T
P R I N S E P I A A A P E W R
```

◊ APHANES
◊ ARIA
◊ ARONIA
◊ BATIDEA
◊ BENCOMIA
◊ CERCOCARPUS
◊ CHAENOMELES

◊ CLIFFORTIA
◊ COWANIA
◊ CYDONIA
◊ DASIPHORA
◊ DRYMOCALLIS
◊ FILIPENDULA
◊ HOLODISCUS

◊ LINDLEYELLA
◊ NEILLIA
◊ PADELLUS
◊ PRINSEPIA
◊ PRUNUS
◊ RUBUS
◊ XEROSPIRAEA

Sun-loving Plants

```
E H C A T S A G A W I Z F C H
M N W O Y R B T A R O I A M C
U V O C C S A A O P S N A K C
M E R E A O I I S W N N I C R
E R R E E T S A N A D I L O E
H B A D N F M M D U B A H H W
T E Y A P I K I O A T P A Y O
N N T Y D R B W N S T E D L L
A A D L I H T M Y T K S P L F
S E Y I A T O T U I M C A O N
Y S R L N C A I V L A S T H U
R M E Y T F H A I N O G E B S
H F W D H E H I B I S C U S B
C B A M U I N A R E G G M M V
D T D N S M M L A B E E B C P
```

◊ AGASTACHE

◊ BEE BALM

◊ BEGONIA

◊ CANNA

◊ CATMINT

◊ CHRYSANTHEMUM

◊ COLUMBINE

◊ COSMOS

◊ DAHLIA

◊ DAYLILY

◊ DIANTHUS

◊ GERANIUM

◊ HIBISCUS

◊ HOLLYHOCK

◊ PETUNIA

◊ SALVIA

◊ SEDUM

◊ SHASTA DAISY

◊ SUNFLOWER

◊ TARO

◊ THRIFT

◊ VERBENA

◊ YARROW

◊ ZINNIA

Botanical Boys' Names

```
D H J O I V W S U E Y T Y R B
H U I U N K O S A H A E E R F
A W B T P N E D N I L N Y H C
A V S L E R D L F P C H L D L
D N I V A R A E N C R R T G I
D V T N U P H N R J A S S D S
I N O Y Y T A O W A B R E E A
V O L T U H A Y M A J C R E B
R K I S G F S T L I N F O R D
A K V O H U H Y T A Y B F N N
R H E M H L R W K N N A R A H
H G R C T D E P C T D U W E M
C O L E A N D E R L A O K E H
V T R R E J L T H O R N T O N
P F S O H K A V O A F K M S I
```

◊ ALDER

◊ ARAVIND

◊ ARVID

◊ ASH

◊ BARCLAY

◊ BASIL

◊ BUD

◊ EOGHAN

◊ FOREST

◊ HEATH

◊ HERB

◊ JACEK

◊ JARED

◊ KUNAL

◊ LINDEN

◊ LINFORD

◊ MOSTYN

◊ OLEANDER

◊ OLIVER

◊ REED

◊ REN

◊ ROWAN

◊ TERHO

◊ THORNTON

Citrus aurantium

Only-known Species in the Genera –
Part One (Common Names)

```
D H J I A F L A G M O S S C N
R S B O K N N T A Y B E S H O
A U P H J M I O T I L G O I S
T R N E Y O L L Y E N F M O I
T B O K A D B B O R M E Y T O
L H U F H R O A O R K D T I P
E C H A R C G C N A A Y U L P
S E U I K I I R N E I C O L A
N E C T D N N A A I M T G A R
A L P N U N W G F S H O R N T
K Y P E S A W M E U S K N H Y
E K R K O M B V J C A E O E L
C U S H I O N A Y R U M N L F
F N V W F N T O O C W P A L M
L E E R T E V O D F V L S C A
```

◊ CAROLINA REDROOT

◊ CHINESE THUJA

◊ CHIOTILLA

◊ CINNAMON FERN

◊ DOVE-TREE

◊ FALSE UNICORN

◊ FLAG-MOSS

◊ FLY POISON

◊ FRINGECUPS

◊ GOBLIN GOLD

◊ GOUTY-MOSS

◊ HUON PINE

◊ JOJOBA

◊ KANAWAO

◊ KAROO ROSE

◊ LEECHBRUSH

◊ LYALLIA CUSHION

◊ MASTODON PALM

◊ OAT SPEARGRASS

◊ QUEENSLAND KENTIA

◊ RATTLESNAKE FERN

◊ SAW PALMETTO

◊ TREE ANEMONE

◊ VENUS FLYTRAP

Trees Native to Africa (Common Names)

```
L S K G Q G A G N I R O M I A
U G B E O U M L A L A P A L M
R I A M W A I C A C A B B A W
M F A T R K P V P F A T E T H
O E I U C M U A E O C H E A I
P P L N F E Y S B R Y R G N S
A A C E W N K A H T O N P P T
B C V R O O B S A M A D E H L
O E M B A W R M A P O K N U I
R A E V O I B C R A B P A F N
I M D Y H O Y A T O P E P L G
D Y C D T S V T O A V U O U T
N R L I E U V M M D L I M T H
A R S T I N K W O O D F T E V
N H U M D O O W D A E L Y D I
```

◊ ACACIA SENEGAL

◊ AFRICAN MYRRH

◊ ANDIROBA

◊ BAOBAB

◊ CALABASH NUTMEG

◊ CAPE FIG

◊ FEVER TREE

◊ FLAT-CROWN

◊ FLUTED MILKWOOD

◊ GABON EBONY

◊ LALA PALM

◊ LEADWOOD

◊ MARULA TREE

◊ MORINGA

◊ MOPANE

◊ MSASA

◊ NATAL MAHOGANY

◊ PANGA PANGA

◊ QUIVER TREE

◊ SPEKBOOM

◊ STINKWOOD

◊ SYCAMORE FIG

◊ TAMBOTI

◊ WHISTLING THORN

```
I  K  C  I  T  S  P  I  L  J  T  N  A  G  F
V  P  T  E  U  O  L  T  E  A  O  H  G  R  I
D  K  N  G  G  S  U  L  O  T  H  R  W  U  R
P  S  A  A  O  N  L  C  R  F  L  R  W  H  A
P  R  S  I  O  Y  I  E  L  D  F  P  E  T  Z
C  P  T  C  T  T  H  K  E  N  T  I  A  R  A
I  F  O  P  T  T  F  F  S  L  C  P  L  A  M
L  C  L  E  A  I  C  A  L  E  T  E  B  C  P
L  O  P  W  N  D  V  N  A  O  K  G  G  A  A
A  S  A  G  M  U  D  Y  O  G  R  A  O  M  S
T  O  E  H  I  G  M  L  D  H  W  C  N  V  O
E  R  E  O  K  V  M  K  E  A  C  V  F  S  M
M  U  H  I  E  R  I  A  T  I  L  O  S  W  R
B  I  S  M  A  R  C  K  W  F  G  S  H  G  O
H  O  O  P  E  R  S  F  R  A  W  D  D  C  F
```

◊ ATHERTON PALM

◊ AUSTRALIAN FAN PALM

◊ BETEL NUT PALM

◊ BISMARCK PALM

◊ CHOCHO PALM

◊ CLIFF DATE PALM

◊ COCONUT PALM

◊ CUBAN PADDLE PALM

◊ DWARF FAN PALM

◊ FINGER PALM

◊ FORMOSA PALM

◊ HOOPER'S PALM

◊ JELLY PALM

◊ KENTIA PALM

◊ LADY PALM

◊ LIPSTICK PALM

◊ MACARTHUR PALM

◊ MAZARI PALM

◊ METALLIC PALM

◊ PETTICOAT PALM

◊ SAGO PALM

◊ SNAKESKIN PALM

◊ SOLITAIRE PALM

◊ SUGAR PALM

Full of Ferns (Common Names)

```
S T I B B A R P C H P N E Y T
O L R H K L T R C S V H S D S
O H W I U W N I H I A H U A E
R N M L G O R I A W P C O L N
A K T F T T E M I A N E H W S
G N A T S L M A N S D E B C D
N E U O D V P L V E L B H B R
A B L L S A H E E G S R R R I
K M U T C I N R A F I U F A B
Y L E K S U L E S S C O F C W
D W C P S I B V T H R O G K B
A O O E W D R M E K W V W E A
R N M U T U A B S R U F R N R
F U E R E S D S F L A O F D V
H V N O T S O B F H L A Y O R
```

◊ AUTUMN FERN

◊ BEECH FERN

◊ BIRD'S-NEST FERN

◊ BOSTON FERN

◊ BRACKEN

◊ BRISTLE FERN

◊ BUTTON FERN

◊ CHAIN FERN

◊ CHRISTMAS FERN

◊ DEER FERN

◊ EAGLE FERN

◊ HANGING FORK FERN

◊ HOUSE HOLLY-FERN

◊ KANGAROO FERN

◊ LADY FERN

◊ MALE FERN

◊ OAK FERN

◊ OSTRICH FERN

◊ RABBIT'S FOOT FERN

◊ ROCKCAP FERN

◊ ROYAL FERN

◊ SILVER FERN

◊ SOFT SHIELD FERN

◊ VENUS HAIR FERN

Glorious Gardens

```
N I C U O S S N A S W A B K F
C L I V E D E N D E S T E A C
B O T A N I C O M D N P S R I
F O H N E K U E K W L T A U H
K V S A Z O P S A L E T M N C
E R O M T L I B E N H A D D S
N V B L B M B V O E J S A E O
R B I C K N F M S O L R S L B
O U G W O S H O R I U A H E N
K T P O R S G E M K N A B B E
U C C F A E L A E G S B K F T
E H K B G L H K R R E M M U S
N A E H E U U A L T G R W A R
I R W D L P T P U K E I T I I
I T L I O O D O O W G N O L K
```

◊ ARUNDEL CASTLE

◊ BILTMORE GARDENS

◊ BUTCHART GARDENS

◊ CLIVEDEN HOUSE

◊ CRATHES CASTLE

◊ JARDIM BOTANICO

◊ JARDIN MAJORELLE

◊ KENROKU-EN

◊ KEUKENHOF

◊ KEW GARDENS

◊ KIRSTENBOSCH

◊ LAS POZAS

◊ LIMAHULI

◊ LONGWOOD

◊ MONET'S GARDENS

◊ NONG NOOCH

◊ PARCO SAN GRATO

◊ PUKEITI GARDENS

◊ PUKEKURA PARK

◊ SANSSOUCI PARK

◊ SUMMER PALACE

◊ VILLA D'ESTE

◊ VOLKSGARTEN

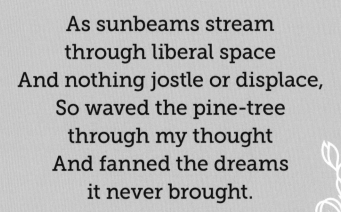

As sunbeams stream
through liberal space
And nothing jostle or displace,
So waved the pine-tree
through my thought
And fanned the dreams
it never brought.

Ralph Waldo Emerson

Culpeper's Herbal – Part Three

```
C C T S S V G E R M A N D E R
D N R C A T I E N D I V E T I
G R O U N D M O S S L E T R E
Y O W R I T A P L O O G C O P
R H E V C M T N V E L R P W U
F T L Y L V Y A D O T O R R R
M W I G E T G R O E S S I E S
O A P R F E R S A S L N B V L
C H H A B A E O Y G S I H I A
C K I S R S S H W N W A O L I
D D V S T S E A O G I O Y N N
O L H R A G L I A V I D R N H
C V I G D P N E D H R F P T T
K F S E T O B A Y T R E E A V
E I H M A S T E R W O R T T K
```

◊ BAY-TREE

◊ COMFRY

◊ DANDELION

◊ DOCK

◊ ENDIVE

◊ FIGWORT

◊ GERMANDER

◊ GROUND MOSS

◊ HAWTHORN

◊ HEDGE HYSSOP

◊ LIVERWORT

◊ LOOSESTRIFE

◊ LOVAGE

◊ MASTERWORT

◊ ONIONS

◊ PARSLEY

◊ PILEWORT

◊ PURSLAIN

◊ RAGWORT

◊ SANICLE

◊ SCURVYGRASS

◊ SORREL

◊ VIOLETS

◊ WOAD

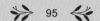

Botanical Stars

```
H B E N G N I V E L E D L A R
F O S U L B Y Y W R E A T D T
N H L F L A W S O N V F E B S
I E F L P O L M R E B E L S P
L W L F Y L B Y N I R O Y R M
M O E L I A B D R G O S E E I
O L M M A U E C W M P Y L W R
T C C D D R H A H G R E D O A
O L G E P E N T I M I N I L E
V E O D O L V K T H M N R F L
O D W W G S F I A A R I C H K
F G A Y G P V N K K O K F V C
N E N V I S N S E F S V E V O
K R P N B A K O R R E G R T L
G H E C H R K N P C K T W O L
```

◊ LILY ALLEN

◊ IRIS APFEL

◊ ROWAN ATKINSON

◊ THORA BIRCH

◊ ORLANDO BLOOM

◊ ROSE BYRNE

◊ POPPY DELEVINGNE

◊ BRANDON FLOWERS

◊ BRYONY HANNAH

◊ BUDDY HOLLY

◊ FERN KINNEY

◊ STAN LAUREL

◊ DANIELA LAVENDER

◊ NIGELLA LAWSON

◊ HEATH LEDGER

◊ HEATHER LOCKLEAR

◊ ROSE MCGOWAN

◊ HEATHER MILLS

◊ CHRIS PINE

◊ NEIL PRIMROSE

◊ NIKKI REED

◊ DAISY RIDLEY

◊ LILY TOMLIN

◊ FOREST WHITAKER

Brassicaceae Genera (Cabbage Family)

```
L S K A P L A N O D E S E E M
M E M D S Y N S T E M O N R M
A D A N I L E M A C A S Y U I
V I P A O E S B A I I M I C C
L O M V G K A L G S F D W A L
A N D U G O Y I P Y I G L S P
V I B Z E S E O N L K A S T A
A G K E S L R R C E I H W R I
N U T U L A A U K S L M H U M
I R M L B I E T L E I E T M L
R E M I H A K L P M M B S O O
A P S I N K E A L E B I A R C
C S P E F A V C C E L W A R L
N A B E R T E R O E L L A P A
R F B G Y C E E R Y S I M U M
```

◊ ALYSSUM

◊ APLANODES

◊ ARABIS

◊ ASPERUGINOIDES

◊ ASTA

◊ BERTEROELLA

◊ CAKILE

◊ CAMELINA

◊ CARINAVALVA

◊ EIGIA

◊ ERUCASTRUM

◊ ERYSIMUM

◊ EUCLIDIUM

◊ GOERKEMIA

◊ GRAELLSIA

◊ LEPTALEUM

◊ MALCOLMIA

◊ SELENIA

◊ SIBAROPSIS

◊ SYNSTEMON

◊ ZUVANDA

Trees Native to Oceania (Common Names)

K A I D R O C H C A E B E L R
R T C E D A R W A T T L E T A
A A D M D B F O I A G N D I N
B R W O R L E E A G V L G U A
R N B N O U F B I V K A U R I
E R C K O E G Y C H I I A F C
P E O E P G F W A N I K O D N
A H C Y Y U R K C T S O O A I
P T O P L M S I A F W T B E O
P U N U E Y C K V R Y I C R P
E O U Z A M K G B E A T L B L
G S T Z F U M I R U R K C E A
B B Y L P W P K B W S J A W Y
M O D E H I B I S C U S A S O
C I R I R U P B I Y E T K M R

◊ ACACIA

◊ BEACH CORDIA

◊ BLUE GUM

◊ BREADFRUIT

◊ CEDAR WATTLE

◊ COCONUT

◊ DROOPY LEAF

◊ HIBISCUS

◊ KARAKA

◊ KAURI

◊ MONKEY PUZZLE

◊ NGAIO

◊ PAPERBARK

◊ PUKKATI

◊ PURIRI

◊ RIMU

◊ RIVER JAM

◊ ROYAL POINCIANA

◊ SOUTHERN RATA

◊ TAWA

◊ TITOKI

C is for …

```
C E D C I W C I S T A C E A E
F A E E A E C A I S U L C A A
C E E A E C A S S E R P U C E
C C A N E L L A C E A E C E C
U A A K R C M C B B A U R A A
V C R P W O A P A E A O A E T
C I L I P R H N C R C Y S C C
O H C E C A N A R M A L S A A
S C I Y V A R N H O N H U D C
T L G E A E C A R E C Y L A C
A O C T P E A E C A N N A C O
C C C Y G R C C A E C Y C Y W
E B C H G P Y M E E A A E C W
A C L E O M A C E A E E A V N
E C O R S I A C E A E D E D C
```

◊ CACTACEAE   ◊ CISTACEAE   ◊ CORSIACEAE

◊ CALYCERACEAE   ◊ CLEOMACEAE   ◊ COSTACEAE

◊ CANELLACEAE   ◊ CLEVEACEAE   ◊ CRASSULACEAE

◊ CANNACEAE   ◊ CLUSIACEAE   ◊ CUPRESSACEAE

◊ CAPPARACEAE   ◊ COLCHICACEAE   ◊ CYCADACEAE

◊ CARICACEAE   ◊ CORNACEAE   ◊ CYPERACEAE

Paeonia peregrina

Excerpt from *Red Carnations*
by Ella Wheeler Wilcox

```
E M B L E M S P A S S I O N E
A S G R C R P S F A T A E H D
R R R U A M C R I E D D D E L
C E C O L D A E I E R M A L A
A W C H P G C W S A V T A I T
D O E L R U A O G O H O N O R
I L S A U T N B N L O Z L T O
E F N T C S R D E S O H R R M
S C S H R I T S I N T K C O M
E L E W G A S E E S N A K P I
T D E H E P Y A R T M E N E N
E V T U R E L E S S E A D C E
M E M A H O T H D P I B Y E Y
R A Y S N O I T A N R A C E A
E S T E D E R E H T A G K T D
```

One time in Arcadie's fair bowers

   There met a bright immortal band,

To choose their emblems from the flowers

   That made an Eden of that land.

Sweet Constancy, with eyes of hope,

   Strayed down the garden path alone

And gathered sprays of heliotrope,

   To place in clusters at her zone…

He watched it, and it did not fade:

   He plucked it, and it brighter grew

In cold or heat, all undismayed,

   It kept its fragrance and its hue.

"Here deathless love and passion sleep,"

   He cried, "embodied in this flower.

This is the emblem I will keep."

   Love wore carnations from that hour.

Botanical Beasts

```
W O H T S R E P I V O E V H U
O P A R R O T G E K M S S A A
F O X G L O V E N W S N D R F
F P C K D D U U N R A R B E Z
O R V N G M K T T K I V N B C
H C I R T S O T E B L L V E B
E E Y E X O H R I M K I W L W
C T O P L K O G M C N O M L N
A D O G T O O T H K K N E I E
T K R Y T E A O V N F S B O S
C F A L O N O T S P Y O E A P
H D G A Y C F P W R R N W E I
F M N M T O A D F L A X D A D
L T A B U F F A L O B E B K E
Y H K S H I C A T N I P B G R
```

◊ BEAR'S BREECHES
◊ BIRD OF PARADISE
◊ BUFFALO GOURD
◊ CATCHFLY
◊ CATNIP
◊ COYOTE MELON
◊ DOGTOOTH VIOLET
◊ FOXGLOVE

◊ HAREBELL
◊ KANGAROO PAW
◊ LAMB'S EAR
◊ LION'S TAIL
◊ OSTRICH FERN
◊ OX-EYE DAISY
◊ PARROT FLOWER
◊ SKUNK CABBAGE

◊ SNAKEROOT
◊ SPIDER PLANT
◊ TICKSEED
◊ TOADFLAX
◊ TROUT LILY
◊ VIPER'S BUGLOSS
◊ WAKE ROBIN
◊ ZEBRA GRASS

Alpine Beauties

```
A E K O R G E N T I A N R M G
L L D M I E A P O R D W O N S
P H L E N O T T O C E U F S C
E A B I L R R S S U N N B S H
N R E M N W O T A T D I E O L
R E L O P A E C A R R E M B
O B L N R K V I K D R U F E X
S E F K I B N M S F Q W W G A
E L L S M U N V A S O B B C L
D L O H R G P P A R O L I P F
L S W O O L T P R C T T I U D
B D E O S E K A U W A A T S A
S V R D E R Y V S P O R G P O
T R A M P I O N E A B W N O T
M S U C O R C H K E U Q S A N
```

◊ ALPENROSE
◊ ALPINE ASTER
◊ ALPINE CROCUS
◊ ALPINE TOADFLAX
◊ BELLFLOWER
◊ BIRD VETCH
◊ BLUE BUGLE
◊ COBWEB HOUSELEEK

◊ COTTON GRASS
◊ EDELWEISS
◊ GENTIAN
◊ HAREBELLS
◊ HEPATICA
◊ MARTAGON LILY
◊ MONKSHOOD
◊ MOSS CAMPION

◊ MOUNTAIN ARNICA
◊ PASQUE FLOWER
◊ PRIMROSE
◊ RAMPION
◊ ROCKFOLIS
◊ SNOWDROP
◊ VANILLA ORCHID
◊ YARROW

Shade-tolerant Plants

```
A F S E B Y R G N Y W D A L G
H O N Y R S N M S E L O A N H
V X O K N O Y N L R W O U O T
W G W R P H B D E C U C R R T
N L D S E O P E A J A N A D W
U O R U L S T W L L O E S C S
B V O D V T N M A L H I V Y S
U E P D S A C D U L E M P C N
T R M G O R I N W P S H R L O
C V L P W U G B O H P N I A M
H D H V M W Y E D L U E M M O
E T I N O C A L A U R T R E L
R R I R Y M R L E M G T O N O
S T T O L O G S M Y E L S E S
W I F A R E N N U R B E E G A
```

◊ ACONITE

◊ BLEEDING HEART

◊ BRUNNERA

◊ BUTCHER'S BROOM

◊ CALADIUM

◊ CORAL BELLS

◊ CREEPING JENNY

◊ CYCLAMEN

◊ DEAD NETTLE

◊ FOXGLOVE

◊ HELLEBORE

◊ HOSTA

◊ IVY

◊ LADY'S MANTLE

◊ LORDS AND LADIES

◊ LUNGWORT

◊ MEADOW RUE

◊ PRIMROSE

◊ SNOWDROP

◊ SOLOMON'S SEAL

◊ SOW BREAD

◊ STINKING GLADWYN

◊ TOAD LILY

◊ WOOD SPURGE

Myrtaceae Genera (Myrtle Family)

```
B A S I S P E R M A C L B W Y
W N E O F A B R I C I A A S R
D N O F A M P L A I H K C Y B
N W V T M I E I N D O A K Z Y
Y O U N M G G G A B M R H Y B
M L O E E O U R E R O D O G A
A K N R M O W M I I R O U I R
M T N R I I M S Y K A M S U O
A N A R N L T Y O R N I I M N
W H U I Y A U M R E T A A W G
B T A N N Y Y M W T H E T M I
A B I T I R U C A G U V L F A
T R I P L A R I N A S S L L U
D A N S F A E Z I R G L A A A
A E R E I L R A M P U U A V S
```

◊ ALGRIZEA ◊ HARMOGIA ◊ NEOMYRTUS

◊ ALUTA ◊ HOMORANTHUS ◊ PIMENTA

◊ BACKHOUSIA ◊ KARDOMIA ◊ REGELIA

◊ BARONGIA ◊ LUMA ◊ RISTANTIA

◊ BASISPERMA ◊ MARLIEREA ◊ SYZYGIUM

◊ CURITIBA ◊ MYRTELLA ◊ TRIPLARINA

◊ DARWINIA ◊ NEOFABRICIA ◊ UGNI

Pleroma macranthum

Only-known Species in the Genera –
Part Two (Common Names)

```
F T F A S T L F H P F A L S F
O D B V R R O D S P E W I A Y
G R M S E E G A M P W R L B T
B R C W I S E M A C S S M W H
D S O H X E R C L M E S I C Y
T L M U I D M L L A M H G N O
O L L N N D A U L F L O T O D
O E I I G D N C D T A E A T N
R B A A N B H Y U N L K E R A
K G T H I F U N I O K U U E L
C T H C D D O D I I C S P H O
O I S L D C N V H S R A M T D
R B I B O A D E E W G I P A N
H K F C N E H F W H I T E I O
C O P I H U E M C O O M N G P
```

◊ ATHERTON OAK
◊ AUNT LUCY
◊ BEACH FESCUE
◊ CALYPSO ORCHID
◊ CAPE EDELWEISS
◊ COPIHUE
◊ DESERT FLUFF-GRASS
◊ FALSE MESIC

◊ FISHTAIL OAK
◊ FALSE ANEMONE
◊ GERMAN MADWORT
◊ GROUND PINEAPPLE
◊ MARSH ROSE
◊ NANDINA
◊ NODDING-NIXIE
◊ PONDOLAND PALM

◊ ROCKROOT
◊ SEA COCONUT
◊ SMALL POVERTYWEED
◊ VIOLET DRAPERIA
◊ VIRGINIA CHAIN FERN
◊ WHISPERING BELLS
◊ WHITE WARATAH
◊ WINGED PIGWEED

Trees Native to South America
(Common Names)

```
O P O Y G N A H V K L B I E R
N O H B M S D S E A N N D V E
T I H C L P T X P S A E H C P
R J H A C W O A F E H S E O A
U I B M V B C E D Y I I P U C
B P H A D H R N P N L U N M Q
B W G N O R A D A L Z D O Y I
E O A G O L Y P L Z K C K M B
R S E R I I S D L M A S C H L
A R K O W Z R E A M A P O N D
H S O V O A U L B N N F L S I
L R P E I R A O T B W U P R A
E O A N I B M O M C E D R O K
G S K F A V Y R E H C I R O M
L K K R K D P E F O W G M U E
```

◊ ANDEAN OAK

◊ BALSA TREE

◊ BLACK MANGROVE

◊ BRAZIL NUT

◊ CEDRO

◊ JAMAICAN CAPER

◊ KAPOK

◊ MALABAR CHESTNUT

◊ MOCAMBO TREE

◊ MONKEY PUZZLE

◊ MORICHE PALM

◊ PALO SANTO

◊ PAU FERRO

◊ PIJIO

◊ POND APPLE

◊ QUEEN PALM

◊ RADAL

◊ RUBBER TREE

◊ SANDBOX TREE

◊ SHINY OYSTERWOOD

◊ SPANISH ELM

◊ YELLOW LAPACHO

◊ YELLOW MOMBIN

◊ YOPO

Kew Gardens by Virginia Woolf
(Excerpt) – Part Two

```
W E R E H T G E E N O L A B F
E P M E V G P N E E D E D E E
I I H N I S N A I L N S E N D
G T W O B P R I T H O I H E E
H G C U R V E D B R C C H A N
T N F G A N F T G M O A L T I
D I I H T A S P C N I A E H M
O M N E E L R O S D I L F R R
U R A L D A G I U E D O C L E
B A L Y E R D N C H F Y G A T
T L L B O E L T H C I F Y O E
F A Y U R T E X T U R E O G D
U R N E L B I S S O P E E R C
L D D D A E D O H T E M M M T
A D M I T E L K C A R C Y U E
```

The <u>snail</u> had now <u>considered</u> every <u>possible</u> <u>method</u> of <u>reaching</u> his <u>goal</u> without <u>going</u> round the <u>dead</u> leaf or <u>climbing</u> over it. Let alone the <u>effort</u> <u>needed</u> for climbing a <u>leaf</u>, he was <u>doubtful</u> whether the <u>thin</u> <u>texture</u> which <u>vibrated</u> with <u>such</u> an <u>alarming</u> <u>crackle</u> when <u>touched</u> even by the <u>tip</u> of his <u>horns</u> would <u>bear</u> his <u>weight</u>; and this <u>determined</u> him <u>finally</u> to <u>creep</u> <u>beneath</u> it, for <u>there</u> was a <u>point</u> where the leaf <u>curved</u> high <u>enough</u> from the <u>ground</u> to <u>admit</u> him.

Spring Blossoms

```
F M C P A E P T E E W S N V U
A M Y K H I R L G C T U L I P
W B S N A V I O L E T M R F F
H T N I C A Y H B A C E G P M
B Y A G L L I R I E W O F B A
L N P M U I L L A O L B A R I
U O S G C A L I L U T L E R C
E E M H I E A F G A M H E L S
S P G B M R L Z L E T S A H A
T U Y A D L I L A A L P N C I
A I C A A R I S E L H I E R D
R M I W I C V H G C E R M O O
T S A I S E E R F O C A O C D
Y C O L U M B I N E Y E N U H
L E Z A H H C T I W R A E S K
```

◊ ALLIUM   ◊ DIASCIA   ◊ PEONY

◊ ANEMONE   ◊ FREESIA   ◊ SCILLA

◊ AZALEA   ◊ HEATHER   ◊ SPIRAEA

◊ BLUESTAR   ◊ HELLEBORE   ◊ SWEET PEA

◊ CAMELLIA   ◊ HYACINTH   ◊ TULIP

◊ COLUMBINE   ◊ IRIS   ◊ VIOLET

◊ CROCUS   ◊ LILAC   ◊ WALLFLOWER

◊ DAISY   ◊ PANSY   ◊ WITCH HAZEL

```
C S E H C R I B L I L Y W K E
S F R W U E D I S Y A W I D S
M E D H E T V W W V S R N B O
L L V M O S S O L B A S T A R
S T A A U D K L L I V D E R O
T S A U E Y O T F N M E R T S
O P W U G L H R S S B P S U N
I T H M P E P Y A E U I L S O
L K U T L A I S S Y O R I N I
E A E L A F F I G V C Y D E T
T R A K I E L A P E A R O P A
N F I S S P R D M R Y R F S N
K S I C K D S W A A R E F A R
N R T D E N O S I O P H A B A
R G M N E T T L E S K C D D C
```

◊ *A POISON TREE*

◊ *A WREATH*

◊ *ASPENS*

◊ *BINSEY POPLARS*

◊ *BIRCHES*

◊ *CHERRY-RIPE*

◊ *DAISY TIME*

◊ *ELIOT'S OAK*

◊ *GO, LOVELY ROSE*

◊ *LEAVES*

◊ *PEAR TREE*

◊ *RED CARNATIONS*

◊ *SUNFLOWER SUTRA*

◊ *TALL NETTLES*

◊ *THE BLOSSOM*

◊ *THE FALL OF THE LEAF*

◊ *THE GARDEN OF LOVE*

◊ *THE LENT LILY*

◊ *THE RHODORA*

◊ *THE SICK ROSE*

◊ *TO DAFFODILS*

◊ *TULIPS*

◊ *WAYSIDE FLOWERS*

◊ *WINTER TREES*

Until you dig a hole,
you plant a tree, you water it
and make it survive,
you haven't done a thing.
You are just talking.

Wangari Maathai

Solutions

SOLUTIONS

1

2

3

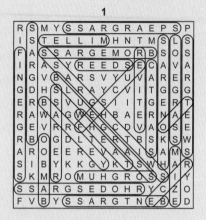

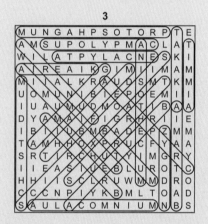

4

5

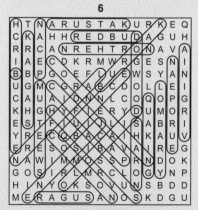

6

SOLUTIONS

7

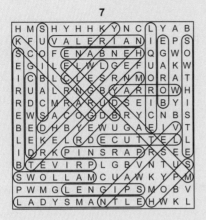

8

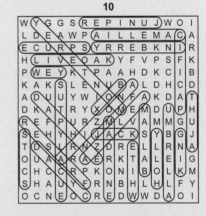

9

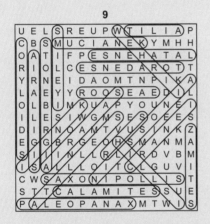

10

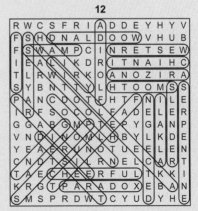

11

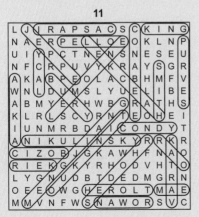

12

SOLUTIONS

13

14

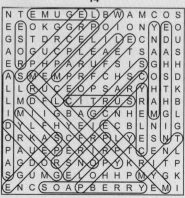

15

16

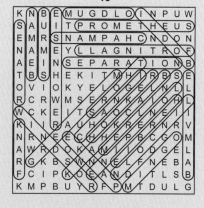

17

18

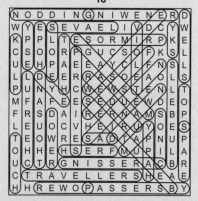

SOLUTIONS

19

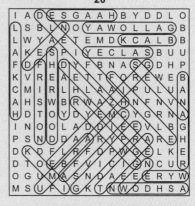

```
M D C K W R M G V A W A C P T
T B B R U A N C C U G R A P E
T U U B R I A C A A K B G V L
A N B R P E U L H L A Y A P O I
R E A E R Y K G S K A R R E I
R V E L S O H U I D P T E A V
O W A N P N S I L K I C H C A
W W A R T Z E A G V W K R E A
H K E O L A Z N N P O S E S A
E T D Y H C L A E L K D D O N
A L P O N Y T A I L V A I H W
D J H T O E H U W B D T P T O
C A S T I R O N E A A D S O R
B D O D W P P A I S X E I P C
R E P Y R K D Y Y I L P R F U
```

20

```
I A D E S G A A H B Y D D L O
L S B I N O Y A W O L L A G B
L W Y A E T E M D K C A L B U
A K E S P I Y E C L A S B U U
F D F H D Y F B N A S G D H P
K V R E A E T T F O R E W E B
C M I M R L H L A A I P U L U
A H S W B W R W A Z N H Y M A
I N O O L A D D E E V L B G
P S N D D A A R Y P B A R E H
D K D F L R F D P W G E L K E
D T O E B F V I C I G N C U R
O G U M A S N D A E E E R Y W
M S U F I G K T N W O D H S A
```

21

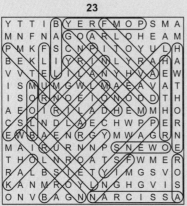

```
P A I L O N G A M S E I L I L
H T I U A F A E L C G N O S O
I U R D C D O O M P A A N V B
L L A I S B I L D L L C K I D
T I U H F D L E H G O M T D A
D P M C F F J A S M I N E U I
R N V R I O I N C V F B O N S
I R I O E O L D F K R S Y L Y
V E S W L L A E S O K F G F C
I F E D D I V R K R A L M G C
N A E F R V E E W I L L O W S
G H R B I E N H G U O R H T E
I A T Y M L D R V M I T Y W E
C G N O A S E P L E A S E A L
L T B N S Y R A M E S O R F D
```

22

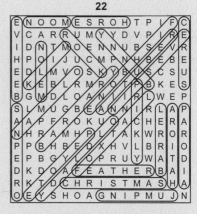

```
E N O O M E S R O H T P I F C
V C A R R U M Y Y D V P I R E
I D N T M O E N N U B S E V R
H P O I J U C M P N H B E B E
E L M V O S K Y B U S C S U S
B G M D L O A N I R L W E P
S L M U G B E A N N I R L A P
A A P F R O K U O A C H E R A
N H R A M H P L T A K W R O R
P P B H B E D X H V L B R I O
E P B G Y L O P R U Y W A T D
D K D O A F E A T H E R B A I
R K T D C H R I S T M A S H A
O E Y S H O A G N I P M U J N
```

23

```
Y T T I B Y E R F M O P S M A
M N F N A G O A R L O H E A M
P M K F S C N P I T O Y U L H
B E K L I I Y R I N L Y R A H
V V T E L I L A N Y H V A E T
I S M U M G W L M A E A V H O
I S O R N O E I O N O D D T H
A E O I R I L A D H E M M H O
C S L N D L A E C H W P P E R
E W B A E N R G Y M W A G R N
M A I R U R N N P S N E W O E
T H O L N R O A T S F W M E R
R A L B S I E T Y I M G S V S
K A N M R O Y L N G H G V I S
O N V B A G N N A R C I S S A
```

24

```
L T A S T R A E H G L M T F P
I O R R C M K D U V A L I A S
A D B I L A C E L E P H A N T
R O E Y A N E B O A J E K O
E V Z D E F U B A O P L Y E N
V K N V Y R R Y P D V D E S
Y A U R E S I K D O U W L S
P G S O G D B T A M D F M E R
A P S O C A M P O L Y H A S
B D N G R V G U E N H H E O
E I T B A K K Y U S E Q E O K
A A A S K G A J A D E C O H F
R B A E O N I U M U E I R K W
S V E S U H T N A N A N A O E
K L A H C O G E I V R R Y V P
```

SOLUTIONS

25

26

27

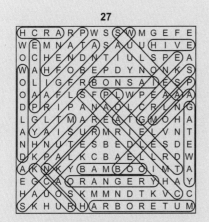

28

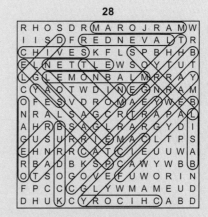

29

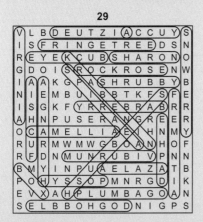

30

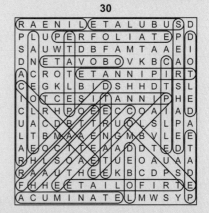

SOLUTIONS

31

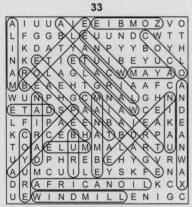

```
V L C S E P A R M O O R B R R
S E S A N D F O O D E N N G H
R L E N A P L Y W D A A E Y E
E T S O H G O E I A A I I E P
K T E Y P T R C I A E J S N E
C A C N L P A E R F E I P P L
U R T O I P H D D O R H Y E P
S D V B R W N T D D Y C G P P
M P K L T A I B O A N N H A E
E A D A M C L B A O A D G C E
T S M O O D Y R E R F V H E N
S E C R A J D O O M T E E E I
S N A M H C T U D O M S N B P
F I O S V I S Y U P T M I I M
K P I W O O D R O S E Y T A P
```

32

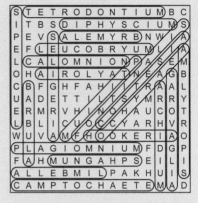

```
S T E T R O D O N T I U M B C
I T B S D I P H Y S C I U M S
P E V S A L E M Y R B N W I A
E F L E U C O B R Y U M L A G
L C A L O M N I O N P A S E M
O H A I R O L Y A T N E A G B
C B F G H F A H I T T R A A L
U A D E T T I L T S Y M R R O
E R M R V H I N O H A U C O T
L B L I C U C C Y A R H V R R
W U V A M F H O O K E R I A O
P L A G I O M N I U M F D G P
F A H M U N G A H P S E I L I
A L L E B M I L P A K H U I S
C A M P T O C H A E T E M A D
```

33

```
A I U U A E E I B M O Z V O
L F G G B L E U U N D C W T T
I K D A T Y A N P Y Y B O Y H
N K E T I E T U I B E Y U C L
A R O L A G L A C W M A Y A O
M B E A E H T G R I A A F C A
W U M P H G C M N A L G H N N
E T A D S P A A I A W C E I D
L F I P A E E N B A L E A K E
K C R C E B H A T B D R P A A
T O A E L U M M A L A R T U U
U Y D P H R E B E H Y G V R W
A U M C U I L E Y S K F E N A
D A F R I C A N O I L K C X
U E W I N D M I L L E N I G C
```

34

```
D A F F O D I L T W D H N M G
S I A I L L E M A C R R L P V
A T H Z V S I T A M E L C O D
W N H L I S K L R A W A V P E
I A V Y M N R W Y G O I W P L
S R W I D T N A U Y L L R Y P
T T S A F R U I U N F H C E H
E S S L I L A C A O N H A I N
R A S K A W I N O E U D R O N
I P R O T E A R G P S T I M I
A K G U C P C V K E R O S E U
U L L M N H E A E L A Z A N M
D I N O I T A N R A C B C A F
P C L D H F H Y A C I N T H A
F O X G L O V E B S R M A U A
```

35

```
R T M U E K V S R E T T U B K
R O M B R O O M D A M E S S W
N D U F C R S S D I N F R W T
R A M Y E R W C O R P S E U U
H K K D A A F S W G I U I R O
V L H E P D T L N F U R C C N
C O B F D R L L A B E S A B S
T P W G I M A F T C A Y G Y Q
M A Y C U S A K C U D K E I U
K I H G T C O N I B R K L V I
P O N Y T A I L W B N K K A R
B L A C K B A T D O A M E D R
H B G W H B M Y M I K U U Y H
U N F H L E K I P S E R I F L
B U G L E W E E D F G R H G K
```

36

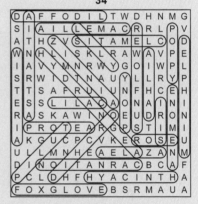

```
Y P T E R I D O L O G Y Y G V
G E Y R T S E R O F S G K E C
O Y G G A S T R O B O T A N Y
L G O G O G Y G O L O D O H R
D L O N L E O L N M O G H Y N V
H O T E S Y Y I D D H S S H
C Y N Y T I M G D A N A T O M Y
R C I L S E O A B K I C N G
O L I C H E N O L O G Y O D O
A G S R Y G O L O C Y H P L
U P M B T A X O N O M Y A H O
B R Y O L O G Y M R G O C B C
O H Y N A T O B O E L A P R E
D E N D R O L O G Y V F E D G
```

SOLUTIONS

37 **38**

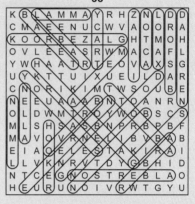

39 **40**

41 **42**

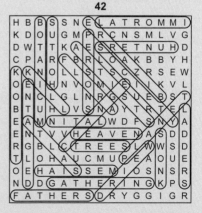

SOLUTIONS

43

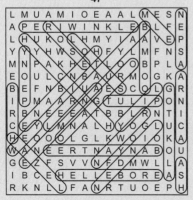

```
C S S B H H L R M W B O K P S
N S L U S S S M O S S O L B M
S A C U T R A L M C V C Y I L
R B B L C L B R C T E E V A P
I G G E S I A E S Y V D G T Y
E R S E W E A C U I U A A A Y
W E F D S M S H L C B N V E A
L P G L U H O V K V D A H S
E U P N O H N A R D R E S W S
D S G U P W C F Z E V L I K E
E A L L T K E R L E N N I N R
Y P A A N T E R O O L O R V P
S N I K P M U P S D W N T H Y
T L R A S P B E R R I E S S C
S L L E B E U L B G S K R O P
```

44

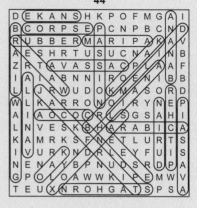

```
D E K A N S H K P O F M G A I
B C O R P S E P C N P B C N D
R U B B E R M A R I P A K A V
A E S H R T U S U C N A I N B
Z R T A V A S S A C P L A A F
I A A B N N I R O E N I B B
L L J R W U D O K M A S O R D
W L K A R R O N O I R Y N E P
A I N A O C O C R L S G S A H I
L K N V E S K B H A R A B I C A
I A M R K S F N E T L U R T S
V U R K N D R L E Y F U I S
N E N A Y B P N U O S R D P
G P O L O A W W K I P E M W V
T E U X N R O H G A T S P S A
```

45

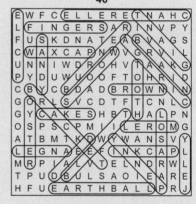

```
S T N E V M U C R I C N D W Y
E N O T S T I D F B W V M O H
W A A N D N K N E D E O D T U
H B W I L E D Y E R V F R H M
E E A H L T E L Y I A A D E A
T G Y T S R L P N T E E F R N
H A U V G O P G A G R S P R E
E N L C R U M B S S T T W P H
I M E R A W R S L D O E I O C
E L O E A R C K E A H H V L R
D M D V R T C O L K W F B A O
O F E E X G N H V A S T V S
W D S E B R O K E E R L E O S
N G N T R E E S L D R O U N D
```

46

```
E W F C E L L E R E T N A H C
L F I N G E R S A R I N V P Y
C U S K D N A T E A B V A G S
U N N I W D R O H V T A A K G
P Y D U W U O O F T O H R I D
C B Y C B D A D B R O W N N N
G O R L S V C D T F T C N L C
G Y C A K E S H B T H A L P N
O S P S C P M I L E R O M G
A T B M T K D W Y W A N S V Y
L E G N A E E F I N K C A P L
M R P I A L X T E L N D R W L
T P U D B U L S A O I E A R E J
H F U E A R T H B A L L P R J
```

47

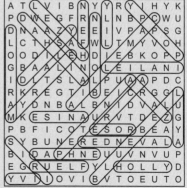

```
L M U A M I O E A A L M E S N
A P E R I W I N K L E B L F E
L H U K O L H M Y I A A V E P
Y Y Y H W S O H F Y L M F N S
M N P A K H E T L O O B P L A
E O U L C N B A U R M O G K R
B E F N B I V A E S C O L G
I P M A A R G T U L I P O N
R B N E E A T B B L R N T I
C E Y L M N A L H Y O G L U C
H E O O L G L K W O I O U K A
W A N E E R T N A Y N A B O U
G E Z F S V V N F D M W L L
I B C E H E L L E B O R E A
R K N L L F A N R T U O E P H
```

48

```
A T L V I B N Y Y R Y I H Y K
P D W E G F R N L N B P C W U
D N A A Z Y E E I V P A P S G
L C T H S A F W L T M Y V O H
O O D I L E H D I E B K O P P
G B A A L I N O L E I L A N I
I D L T S L A L P U A A P D C
R K R E G T I B E I C R G G L
A Y D N B A L B N I D V A L U
M K E S I N A U R V T E Z G
P B F I C O T E S O R B E A Y
S Y B U N E R E D N E V A L A
B I D A P H N E U U V N V U P
E G R U E L F Y L H O L L Y D
Y V N I O V I B V T O E U T O
```

121

SOLUTIONS

49

50

51

52

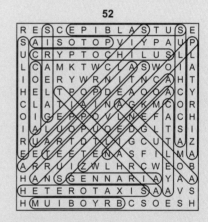

53

54

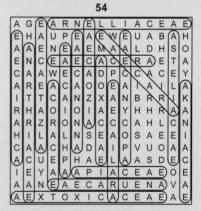

SOLUTIONS

55

```
M W R T R K C O S S U T P N P
D R E T O O R T H O R N G A Y
E S N S K A P B E V C A L T A
H V M T H Y U T S C L T E H I
T C Y A U R A A F T A I T I D
O N F M R L G O E E B U A T I
O E N E A R H R L S O N E M E
T E C N D H N B O E E D D P
M R U B T A U O S A C I A O W
D G S S T L M P S C I Y E R
O R P E B P R E E N E L D B K
L E U N Y R S B D W O C A E M
R V M P A F U S I F O R M S P
B E K U E P Y R E N E W Y D S
D E C I D U O U S E S S I L E
```

56

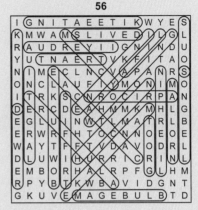

```
I G N I T A E E T I K W Y E S
K M W A M S L I V E D I L G L
R A U D R E Y I I G N I D U O
Y I M E C L N C V A P A N R S
N C L A U F I Y M O N I M O N
I T R K S C N R O C I R P A G
D E R C D E A H M M K M H L B
E G L U I N W T L M A T R L E
E R W A Y F H T O C N N O E E L
W A Y F F T V D A V O D R L L
D L U W I H U R R I C R I N L
E M B O R H A L R P F G L H M
R P Y B T K W B A V I D G N T
G K U V E M A G E B U L B T D
```

57

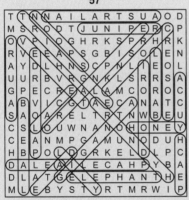

```
T T N N A I L A R T S U A O D
M S R O D T J U N I P E R C P
O V P I O G H R K S P R H R K
R V E E A P S G B I S O L E N
A Y D L H N S C P N L E O L
U U R B V R G N K L S R R S
G P E C R E A L A M C O R O C
A B A V I C G T A E C A N A T C
S C L O U W N A N O H O N E Y H
C E A N M P G A M U N O D U H
H B P O L D G R K E L D L P C
D A L E A X L E C A H P Y B A
D L A T G E L E P H A N T H E
M L E B Y S T Y R T M R W I P
```

58

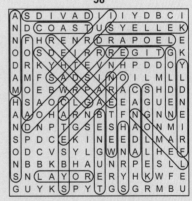

```
A S D I V A D I J I Y D B C I
N D C O A S T U S Y E L L E K
N F H R E N R D R A P O E L E
O O S D E I R R R E G I T G K
D R K Y H T E V N H P D D O Y
A M F S A D S I N O I L M L D
M O E B W R P A R A C S H D N
H A A O C L G A E E A G U E N
N D N P T G S E S H A O N M R
S P D C E K I N E E D L M A R
O D C V S Y L G W N A L H E F
N B B K B H A U N R P E S L L
S N L A Y O R E R Y H K W F E
G U Y K S P Y T G S G R M B U
```

59

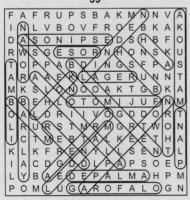

```
F A F R U P S B A K M N N V A
I N L V B O V F R O E B K A K
D A S O N I P S E D S H B F O
R W S G E S O R N H O N S K U
T O P P A B D I N G S F P A N
A R A A E K L A G E R U N N T
M K S L O N O O A K T G B K A
B B E H L O T O M I J U F N M
O A L D R I I V O G D D O R O
L R U R S T M R M G R T W O N
I C T M E R T A L K E E T H A
K L K F R E N Y L L S E N T T
I A C D G D D L P A P S O E P
L Y B A E D E P A L M A H P M
P O M L U G A R O F A L O G N
```

60

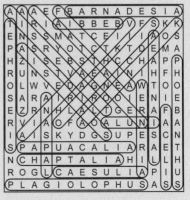

```
A A A E F B A R N A D E S I A
T I R I A I B B E B V F S K K
E N S S M A T C E I I A O S
P A S R Y O T C T K T D E M A
H Z I S E B S T H C C H A P P
R U M S T V A E A I N I H O E
O L W V E D A G N E A W T O B
S E R A I R I R O O I E N A A
E R V I A F A O A L U N I A N
R A I S K Y D G S U E D I C T
S P A P U A C A L I A R A E H
N C H A P T A L I A H I L U S
R O G L C A E S U L I A P I S
P L A G I O L O P H U S A S S
```

SOLUTIONS

61

```
L T M W O L V S P C P N B P L
P O L L E T T S E M S O L B K
M R W E S T E R N I A T F L K
R E A T B T V G Y B L W H F M
A T L H E A E O P E N L S O O
V X T T R L N D U R S P I T U
N A D A Z N I D Z L S P V G N
A B P Y B E K R Z K R U I P T
C A T H E D R A L A E H N S A
H T I T R A W E K L C D R I
F V R R L I T E W A D T T O N
M B H A A L H S O M D O P D
O H R R S E M D O E A N E A I
U K G N K Y B A D G S A A Y L
C R N A P O D A N A N E U B A
```

62

```
B W L Y L L A G N I T R O F D
A P A N K E U R T S A Z Z O S
E N I D R A J N U S V C Y A O
S D C M O U E L N O P D N U E
C S N I V L A V K U L I G S E
V R A M E T H U S E L A H N
G E R E I N P M I S A N T O E
R T T W Y O F A A D B S V U
A S A T R T O M W K Y E S U G N
N I K S N C D E W G N N R O N
I S U J S F F F L A Y N A V O
T K R U R A I N T R E E D J K
C I V H A B L O A V D T E T D
L L A N G E R N Y W U T C N L
P R E S I D E N T I K H K W S
```

63

```
S F V I S R E D N A E L O G
K F A E L S M A S R A E D G G
S S M M F P E U S N N E A S I
U L I G R S C R H U V D N U D
C P Y E V S F I P O T G D T A H
O P S G I F E O L Y N O E P H L
R S D B I A M G O T C M L Y I
C R I A R A X D V C A U I L A
L H E O D O N I Y T O A N C B
I M S D E E G K I A T O N C B
L E E A L T S C G K I R R U S
A R O I W I M E R I C C E S
C F A S V C W K R O C H F T M
S V V Y U E P C U T D I T B S
B N K P I L U T B B O D K O F
```

64

```
E S E H T E V Y R E W O H S B
C L H F W M R L E R N V G A U
M M H T S S E N T E E W S N T
C A A C P N W O T N X K O E T
V L R N I B O T S R C E M R U
L V R D Y E L P B O E E D M N
W M O M V E F S U C P T L A V
N N W O S R E V E N T L O O M
E F R Y F A R M Y A R D S P L
L P L T Y Y E H T M B R T I S
D W C S W Y E W R E L L O R C
U M V U W E R N P L O U G H O
S O M R K L S O L O N G N V
T S S I A B T L H T M P K O E
B T L U S P R I N G S P I W R
```

65

```
P T E G D E S A D V P A L M N
G A A A L I L A M A R A N T H
I D R T E P H E G A B B A C E
R E T S K V M C B L N D W G R
D E O G L Y H E R O H T A E H
N M D O U E G R U O C R W G R
I D L D E R Y N S R O O H T S
D N G A A L R L T B L E A U N
R I V S M M J N M F H V N W A
R B S A B R A M L T P T H C Y
V O I S I L O L N D N B S I T
S V S S P L E I B A Y W H M T
Y E N E L B M F C I M T E U W
S R C A R U M A I S E E C S S
F I M Y R T L E D Y Y E S A Y
```

66

```
Y A B D E R B E D T V C L W K
G D R L Y C L B S L W O X C D
I P O I N A A U I O M A T O G
O S L G Z M C L C S K S G G B
A W P W W O K R I Y B T N T M
K E U R L O N A E V C I P A G
O E H Y U E O A D I K L A M C
Y T I B I C N D T A T E C A A
A B N G N Y E S U U E S I R A
U A O W H K A Q N E I Y F A S
P Y O C W M W T R E H L I C S
O I T M I P S T H E G L C K D
N I K Y I E P K L G D W A R F
P H A N H O Y R R E B L U M I
E V K C H O M A K S A L A H
```

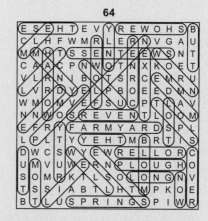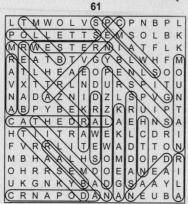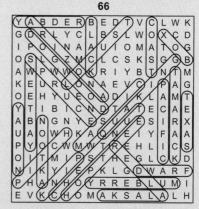

124

SOLUTIONS

67

68

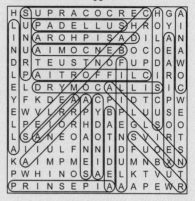

69

70

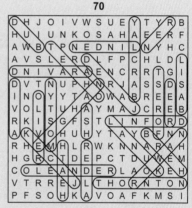

71

72

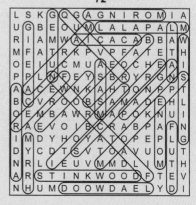

SOLUTIONS

73

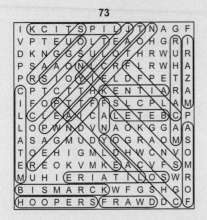

74

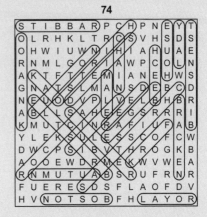

75

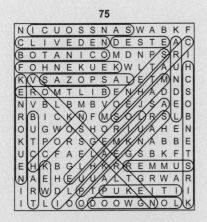

76

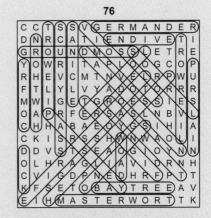

77

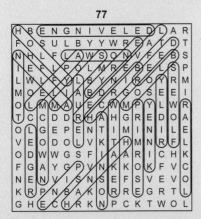

78

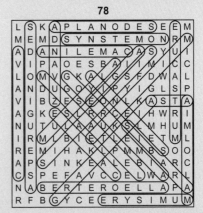

79

```
K A I D R O C H C A E B E L R
R T C E D A R W A T T L E T A
A A D M D B F O I A G N D I N
B R W O R L E E A G V L G U A
R N B N O U F B I V K A U R I
E R C K O E G Y C H I I A F C
P E O E P G F W A N I K O D N
A H C Y Y U R K C T S O O A I
H T O P L M S X A F W T B E O
P U N U E Y C X R Y I C R P
E O U Z A M K G B E A T L B L
G S T Z F U M I R U R K C E A
B B Y L P W P K B W S J A W Y
M O D E H I B I S C U S A S O
C I R I R U P B I Y E T K M R
```

80

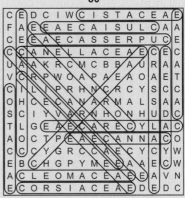

```
C E D C I W C I S T A C E A E
F A E E A E C A I S U L C A A
C E E A E C A S S E R P U C E
C C A N E L L A C E A E C E C
U A A K R C M C B B A U R A A
C R C P W O A P A E A O A E T
O H C E C A N A R M A L S A A
S C I Y V A R N H O N H U D C
T L G E A E C A R E C Y L A C
A O C T P E A E C A N N A C O
C C C Y G R C C A E C Y C Y W
E B C H G P Y M E E A A E C A
A C L E O M A C E A E E A V N
E C O R S I A C E A E D E D C
```

81

```
E M B L E M S P A S S I O N E
A S G R C R P S F A T A E H D
R R R U A M C R I E D D D E L
C E C O L D A E I E R M A L A
A W C H P G C M S A V T A I T
D O E L R I A O G O H A N O R
I L G A I T N B N L O Z L T O
E E N T C S R D E S O H R R M
S C S H R I T S I N T K C O M
E L E W G A S E E S N A K P I
T D E H E P Y A R T M E N E N
E V T U R E L E S S E A D C E
M E M A H O T H D P I B Y E Y
R A Y S N O I T A N R A C E A
E S T E D E R E H T A G K T D
```

82

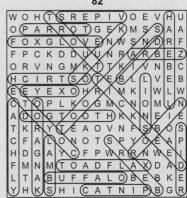

```
W O H T S R E P I V O E V H U
O P A R R O T G E K M S S A A
F O X G L O V E N W S N D R F
F P C K D D U U N R A R B E Z
O R V N G M K T T K I V N B C
H C I R T S O T E B L L V E B
E E Y E X O H R M K I W L W
C T O P L K O G M C N O M U N
A D O G T O O T H K K N E I E
T K R Y T E A O V N F S B O S
C F A L O N O T S P Y O E A P
H D G A Y C F P W R R N W E I
F M N A T O A D F L A X D A D
L T A H B U F F A L O B E B K E
Y H K S H I C A T N I P B G R
```

83

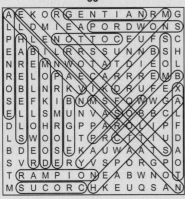

```
A E K O R G E N T I A N R M G
L L D M I E A P O R D W O N S
P H L E N O T T O C E U F S C
E A B I L R R S U N N B S H
N R E M N W O T A T D I E O L
R E L O P A E C A R R R E M B
O B L N R K V I K D R U F E X
S E F K I B N M S E O M W G A
E L L S M U N V A S O B B C L
D L O H R G P P A R O L I P F
L S W O O L T P R C T I U D
B D E O S E K A U W A A T S A
S V R D E R Y V S P O R G P O
T R A M P I O N E A B W N O T
M S U C O R C H K E U Q S A N
```

84

```
A F S E B Y R G N Y W D A L G
H O N Y R S N M S E L O A N H
V X O K N O Y N L R W O U O T
W G W R P H B D E C U C R R T
N L D S E O P E A J A N A D W
U O R U L S T W L L O E S C S
B V O D V T N M A L H I V Y S
U E P D S A C D U L E M P C N
T R M G O R I N W P S H R L O
C V L P W U G B O H P N I A M
H D H V M W Y E D L U E M M O
E T I N O C A L A U R T R E L
R I R Y M R L E M G T O N S E
S T T O L O G S M Y E L S E S
W I F A R E N N U R B E E G A
```

SOLUTIONS

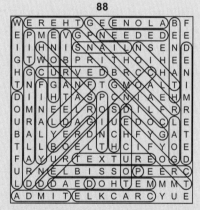